Victor Hugo

Victor Hugo est né à Besançon en 1802. Tout en suivant des études de philosophie et de mathématiques au lycée Louis-le-Grand, il s'adonne déjà à la poésie. Il obtient ses premiers succès avec les *Odes et Poésies diverses* (1822) et s'impose comme chef de file du mouvement romantique après l'ardente « bataille » autour de son drame *Hernani* (1830). Dès lors, sa réputation ne cesse de croître (*Ruy Blas*, drame donné en 1838, *Les Rayons et les Ombres*, 1840) ; il se tourne vers la politique, et rejoint le camp des « libéraux ». Mais le coup d'État de Napoléon III le contraint à un long exil. Réfugié à Guernesey, il multiplie les chefs-d'œuvre : *Les Châtiments* (1853), *Les Contemplations* (1856), *Les Misérables* (1859), *La Légende des siècles* (1859-1883). Après la chute du second Empire (1870), son retour en France est triomphal.

Il ne cessera d'écrire (*Quatrevingt-treize*, roman, 1874, *L'Art d'être grand-père*, 1877) jusqu'à sa mort en 1885 à Paris, suivie de monumentales funérailles nationales au Panthéon.

LE DERNIER JOUR
D'UN CONDAMNÉ

VICTOR HUGO

LE DERNIER JOUR D'UN CONDAMNÉ

Préface de Murielle Szac

Le Dernier Jour d'un condamné a été publié en 1829.

N.B. : La note appelée par un astérisque
est de l'auteur.

Le papier de cet ouvrage est composé de fibres naturelles, renouvelables, recyclables et fabriquées à partir de bois provenant de forêts plantées et cultivées durablement pour la fabrication du papier.

© 2006, Pocket, département d'Univers Poche, pour la préface.

ISBN : 978-2-266-16110-7

PRÉFACE

« Quand la date de mon exécution a été fixée, j'ai voulu tirer un trait sur toutes mes amitiés, je pensais que ce serait plus facile de mourir dans la solitude. Mais plus la date approche, et plus la pensée de ceux que j'aime me hante. » Celui qui a rédigé cette lettre s'appelle Timothy Lane Gribble, Tim pour ses amis. Condamné à mort pour meurtre, Tim a été exécuté par injection le 15 mars 2000. Il avait trente-sept ans. Cela s'est passé au Texas, États-Unis, au début du XXIe siècle.

« Est-il bien vrai que je vais mourir avant la fin du jour ? Est-il bien vrai que c'est moi ? [...] Ils disent que ce n'est rien, qu'on ne souffre pas [...] Eh ! Qu'est-ce donc que cette agonie de six semaines et ce râle de tout un jour ? Qu'est-ce que cette échelle de tortures qui aboutit à l'échafaud ? » L'homme qui parle ainsi n'est pas Tim, mais le héros du livre que vous allez lire. Lui aussi n'a plus que quelques heures à vivre. Lui aussi a été condamné par la justice des hommes à la peine capitale. Lui aussi sera exécuté. Cela se passe à Paris, France, au XIXe siècle.

Deux lieux différents, deux siècles différents, deux méthodes différentes – l'injection pour l'un, la guillotine pour l'autre – pour une même situation, et un même cri.

Car ce livre est bien un cri.

Il est d'abord le cri du condamné qui voit sa mort approcher. Un cri de souffrance, de panique, de haine, de détresse, quand on a tant de désir de vivre et que cette vie va vous être ôtée bientôt.

Mais il est aussi le cri du grand écrivain Victor Hugo qui toute sa vie combattit la peine de mort. Poèmes, romans, discours, lettres, plaidoiries, dessins, Victor Hugo ne cessa de pourfendre ce qu'il dénonçait comme l'ignominie suprême, « le signe spécial et éternel de la barbarie ». Mais c'est avec *Le Dernier Jour d'un condamné* qu'il réussit le mieux à nous transmettre son horreur de la peine capitale.

Dans ce court récit, dense et vif comme un coup de poing, un jeune homme nous fait partager heure par heure les ultimes moments de sa vie. Nous ne saurons jamais son nom, ni les raisons de sa condamnation. Hugo ne nous décrira ni l'horreur de son crime, ni sa vie d'antan. Tout juste saurons-nous qu'il s'agit d'un jeune bourgeois, plutôt cultivé, et père d'une fillette de quatre ans. Son passé ne compte pas. Il n'a plus d'avenir. Ce qui compte, c'est ce présent barbare, ce supplice d'une mort inéluctable qui ne prend pas par surprise. Ce que souffre ce prisonnier voyant avec terreur arriver sa dernière heure, c'est ce que souffre tout condamné à mort. Et nous l'accompagnerons jusqu'au bout, impuissants et tremblants, espérant aussi fort que lui sa grâce, lui tenant la main, même lorsqu'il monte les marches de l'échafaud. À la fin du livre, l'émotion fait place à la colère : Hugo a atteint son but. Qui a lu ce roman ne peut qu'être gagné aux idées abolitionnistes. Si vos pas vous conduisent place de l'Hôtel de Ville à Paris, vous ne pourrez plus jamais y passer sans songer qu'elle fut autrefois la sinistre place de Grève où les condamnés à mort étaient guillotinés.

À l'origine de ce livre-cri, il y a d'autres cris.

En premier, celui que le jeune Hugo entend un soir en passant devant le palais de justice de Paris. Une petite servante, accusée d'avoir volé un mouchoir, va être marquée au fer rouge. La malheureuse hurle, tandis que le bourreau applique le châtiment. « J'ai encore dans l'oreille, après plus de quarante ans, et j'aurai toujours dans l'âme l'épouvantable cri de la suppliciée. Pour moi, c'était une voleuse, ce fut une martyre. Je sortis de là déterminé – j'avais seize ans – à combattre à jamais les mauvaises actions de la loi », écrivit Victor Hugo en 1862. Ce spectacle choquant d'une justice des hommes proprement inhumaine vient s'ajouter, dans l'esprit de l'adolescent, aux images traumatisantes qu'il a gardées de sa petite enfance. À cinq ans, traversant la campagne italienne avec sa mère, le petit Victor découvre avec horreur les gibets, hideux arbres portant au bout de leurs branches des pendus. À dix ans, il assiste à Burgos en Espagne aux préparatifs d'une exécution capitale, et ce macabre rituel lui glace le sang. À vingt ans, il voit passer devant lui la charrette conduisant à l'échafaud l'assassin du duc de Berry...

À vingt et un ans, il est témoin de l'exécution d'un jeune homme, Jean Martin, condamné à mort pour avoir tué son père. Le visage hagard du criminel, l'excitation de la foule venue assister à l'exécution, le bourreau levant sa hache, tout blesse Hugo. « Il ne put en regarder davantage, racontera plus tard sa femme Adèle dans la biographie qu'elle consacre à son mari, il détourna la tête et ne redevint maître de lui que lorsque le Ha ! de la foule lui dit que le malheureux avait cessé de souffrir. » Ce cri bestial d'une foule satisfaite d'avoir vu le sang couler fait écho au cri de terreur des suppliciés : pour Hugo l'affaire est entendue, il mettra toute son énergie, sa force et sa vie pour combattre cette monstruosité. Et il n'attendra ni la célébrité, ni la sécurité matérielle, pour s'engager dans la lutte abolitionniste.

Lorsqu'il écrit *Le Dernier Jour d'un condamné* Victor Hugo a tout juste vingt-sept ans. Il affirmera, dans une longue préface ajoutée trois ans plus tard, avoir commencé à écrire ce livre le lendemain de l'exécution d'un certain Louis Ulbach, qui avait poignardé une jeune femme par désespoir amoureux. Ce jeune assassin de vingt ans avait projeté de coucher sur le papier le récit de sa vie avant de mourir. Hugo rédigera le roman en trois semaines, comme porté par tous les cris mêlés qui résonnent en lui.

À sa publication en 1829, le livre déchaîne de hauts cris. On reproche à la fois à l'auteur de ne pas assez romancer, en ne racontant pas l'histoire de son héros, et de trop romancer, en utilisant un fait politique pour trame ! Sans le dire, les critiques qui l'assassinent lui en veulent surtout d'avoir réussi un coup de maître. Le scandale vient de l'incroyable force d'un texte qui fait mouche sur tous les plans. Non seulement il innove sur le plan littéraire – c'est l'un des premiers monologues intérieurs de la littérature –, mais il met en scène avec brio un personnage à la dimension universelle, capable d'incarner tous les condamnés.

Or, à cette époque – nous sommes sous la Restauration – la guillotine ne chôme pas : presque une exécution par semaine au milieu du XIXᵉ siècle. Et si les députés se sont prudemment mis à l'abri eux-mêmes en votant une abolition partielle de la peine capitale pour les seuls crimes politiques, ils ne sont pas disposés à la supprimer pour tous les crimes... Mais Victor Hugo ne s'arrête pas au seuil de la littérature : témoigner par l'écriture littéraire ne lui suffit pas. Il est aussi un homme d'action. « Se laver les mains est bien, empêcher le sang de couler serait mieux », écrit-il dans la préface qu'il ajoutera en 1832. Si son parcours politique fut très fluctuant – jeune royaliste soutenant la Restauration, puis bonapartiste avant de passer du côté des plus farouches adversaires de Napoléon III, pour finir en héraut de la République –, il n'a jamais varié dans son combat abolitionniste. Le 15 septembre 1848, Hugo devenu député présente devant l'Assemblée un amendement à la Constitution abolissant la peine de mort. « Je vote l'abolition pure, simple et défini- tive », déclare-t-il dans l'un de ses plus beaux discours. Les cris de colère des députés lui répon- dent. L'éloquence hugolienne ne suffira pas : le texte est repoussé par 498 voix contre 216.

Toute sa vie, Hugo plaidera, argumentera. Il démontrera qu'il n'y a pas d'exemplarité de la peine de mort – « Que voulez-vous enseigner avec votre exemple ? Qu'il ne faut pas tuer. Et com- ment enseignez-vous qu'il ne faut pas tuer ? En tuant » (discours du 15 septembre 1848). Il souli- gnera l'attraction malsaine que la guillotine procure et l'encouragement à la férocité humaine qu'elle génère. Il ne se contentera pas de la dénoncer pour des raisons morales, mais aussi pour son inefficacité dans la lutte contre la criminalité. Pour lui il n'y a qu'un seul moyen d'éradiquer le crime : l'éduca- tion. « Cette tête de l'homme du peuple, cultivez-la, défrichez-la, arrosez-la, fécondez-la, éclairez-la, moralisez-la, utilisez-la ; vous n'aurez plus besoin de la couper », écrit-il dans son roman intitulé *Claude Gueux*.

Partout où la guillotine est dressée, Hugo se dresse aussi. Rarement avec succès. Ce qui lui fit dire, un rien désabusé : « J'ai quelquefois réussi, souvent échoué. »

Mais la parole du poète va bien au-delà de l'événement pour lequel il intervient. De partout ses prises de position font avancer la cause abolitionniste. Et bientôt, du monde entier, d'autres cris font écho au sien. En 1854, alors qu'il est exilé sur l'île de Jersey, il rédige un vibrant plaidoyer intitulé *Lettre aux habitants de Guernesey* pour tenter d'obtenir la grâce d'un assassin, John-Charles Tapner. Tapner est pendu. Mais cette lettre n'aura pas été écrite en vain. Elle fera le tour du monde, et c'est grâce à elle que le Québec, huit ans après, votera l'abolition de la peine de mort : « On allait pendre un homme à Québec, un nommé Julien ; le peuple du Canada considéra avec raison comme adressée à lui-même la lettre que j'avais écrite au peuple de Guernesey, raconte Hugo. Et par un contrecoup providentiel, cette lettre sauva, passez-moi l'expression, non Tapner qu'elle visait, mais Julien qu'elle ne visait pas. » Et lorsqu'en 1863 la Colombie abolit la peine de mort ou en 1867 le Portugal, ces deux pays rendirent hommage à Hugo pour leur avoir ouvert la voie.

D'autres depuis ont repris le flambeau de Victor Hugo.

Au début du XXe siècle, c'est Jean Jaurès qui puise chez Hugo ses plus vibrants plaidoyers contre la peine de mort. Mais c'est aussi chez Dostoïevski,

LE DERNIER JOUR D'UN CONDAMNÉ

le grand écrivain russe, dont le héros du roman *L'Idiot*, le prince Mychkine, lit *Le Dernier Jour d'un condamné*. Tant d'autres écrivains, comme Albert Camus, poursuivront l'œuvre.

Jusqu'à ce qu'en France un grand avocat devenu ministre de la Justice, Robert Badinter, combatte pour l'abolition de la peine de mort et l'obtienne en 1981. Cet homme ne cesse de rappeler ce qu'il doit à Victor Hugo : « Dans le combat que j'ai mené moi-même contre la peine de mort, confie Robert Badinter à l'hebdomadaire *La Vie* en 2002, j'ai été marqué profondément par son discours de 1848 [...] Pendant tous les débats parlementaires sur l'abolition, je n'ai jamais cessé d'être inspiré par ces mots-là. »

Pour autant, croyez-vous que le combat de Victor Hugo contre la peine de mort ne soit plus d'actualité ? Voyez plutôt. Selon Amnesty international en 2004, au moins 3 797 exécutions capitales ont eu lieu dans le monde, dont plus de 3 400 en Chine, 159 en Iran, 64 au Vietnam et 59 aux États-Unis. Depuis la reprise des exécutions en 1977 aux États-Unis, déjà 996 personnes ont été tuées, la plupart par injection et quelques-unes par électrocution. Au 1er juillet 2005, 3 415 personnes attendaient leur exécution dans les couloirs de la mort américains. 76 pays maintiennent la peine de mort dans leur législation, parmi lesquels le Japon...

Vous avez peut-être vu le film *Un coupable idéal* réalisé par Jean-Xavier Vincent de Lestrade, ayant obtenu l'oscar du meilleur film documentaire en 2001. Il racontait le procès et la condamnation d'un adolescent noir américain de quinze ans, accusé d'avoir assassiné une touriste blanche en Floride. Le film retrace le combat des avocats de la défense et dévoile l'erreur judiciaire. Construit comme un thriller, il démonte le système judiciaire américain avec ses failles béantes envoyant croupir dans les couloirs de la mort des centaines d'innocents. Là encore, le combat du jeune réalisateur français est le même que celui de Victor Hugo contre une justice expéditive et inique. L'œuvre d'Hugo est en dialogue total et permanent avec notre siècle.

Le grand écrivain nous prouve à nouveau, au travers du roman poignant que vous allez lire maintenant, que l'homme de plume est un combattant. Et que le poète et le politique ne font qu'un. Car il n'y a pas meilleure arme que les mots pour changer le réel et peser sur demain. Le monde attend les nouveaux héritiers de Victor Hugo. Le serez-vous ?

Murielle SZAC

I

Condamné à mort !

Voilà cinq semaines que j'habite avec cette pensée, toujours seul avec elle, toujours glacé de sa présence, toujours courbé sous son poids !

Autrefois, car il me semble qu'il y a plutôt des années que des semaines, j'étais un homme comme un autre homme. Chaque jour, chaque heure, chaque minute avait son idée. Mon esprit, jeune et riche, était plein de fantaisies. Il s'amusait à me les dérouler les unes après les autres, sans ordre et sans fin, brodant d'inépuisables arabesques cette rude et mince étoffe de la vie. C'étaient des jeunes filles, de splendides chapes d'évêque, des batailles gagnées, des théâtres pleins de bruit et de lumière, et puis encore des jeunes filles et de sombres promenades la nuit sous les larges bras des marronniers. C'était toujours fête dans mon imagination. Je pouvais penser à ce que je voulais, j'étais libre.

Maintenant je suis captif. Mon corps est aux fers dans un cachot, mon esprit est en prison dans une idée. Une horrible, une sanglante, une implacable idée ! Je n'ai plus qu'une pensée, qu'une conviction, qu'une certitude : condamné à mort !

Quoi que je fasse, elle est toujours là, cette pensée infernale, comme un spectre de plomb à mes côtés, seule et jalouse, chassant toute distraction, face à face avec moi misérable, et me secouant de ses deux mains de glace quand je veux détourner la tête ou fermer les yeux. Elle se glisse sous toutes les formes où mon esprit voudrait la fuir, se mêle comme un refrain horrible à toutes les paroles qu'on m'adresse, se colle avec moi aux grilles hideuses de mon cachot ; m'obsède éveillé, épie mon sommeil convulsif, et reparaît dans mes rêves sous la forme d'un couteau.

Je viens de m'éveiller en sursaut, poursuivi par elle et me disant : — Ah ! ce n'est qu'un rêve ! Hé bien ! avant même que mes yeux lourds aient eu le temps de s'entrouvrir assez pour voir cette fatale pensée écrite dans l'horrible réalité qui m'entoure, sur la dalle mouillée et suante de ma cellule, dans les rayons pâles de ma lampe de nuit, dans la trame grossière de la toile de mes vêtements, sur la sombre figure du soldat de garde dont la giberne reluit à travers la grille du cachot, il me semble que déjà une voix a murmuré à mon oreille :

— Condamné à mort !

II

C'était par une belle matinée d'août.

Il y avait trois jours que mon procès était entamé, trois jours que mon nom et mon crime ralliaient chaque matin une nuée de spectateurs, qui venaient s'abattre sur les bancs de la salle d'audience comme des corbeaux autour d'un cadavre, trois jours que toute cette fantasmagorie des juges, des témoins, des avocats, des procureurs du roi, passait et repassait devant moi, tantôt grotesque, tantôt sanglante, toujours sombre et fatale. Les deux premières nuits,

d'inquiétude et de terreur, je n'en avais pu dormir ;
la troisième, j'en avais dormi d'ennui et de fatigue.
À minuit, j'avais laissé les jurés délibérant. On
m'avait ramené sur la paille de mon cachot, et
j'étais tombé sur-le-champ dans un sommeil profond, dans un sommeil d'oubli. C'étaient les premières heures de repos depuis bien des jours.

J'étais encore au plus profond de ce profond
sommeil lorsqu'on vint me réveiller. Cette fois il ne
suffit point du pas lourd et des souliers ferrés du
guichetier, du cliquetis de son nœud de clefs, du
grincement rauque des verrous ; il fallut pour me
tirer de ma léthargie sa rude voix à mon oreille et
sa main rude sur mon bras. — Levez-vous donc ! —
J'ouvris les yeux, je me dressai effaré sur mon
séant. En ce moment, par l'étroite et haute fenêtre
de ma cellule, je vis au plafond du corridor voisin,
seul ciel qu'il me fût donné d'entrevoir, ce reflet
jaune où des yeux habitués aux ténèbres d'une prison savent si bien reconnaître le soleil. J'aime le
soleil.

— Il fait beau, dis-je au guichetier.

Il resta un moment sans me répondre, comme
ne sachant si cela valait la peine de dépenser une
parole ; puis avec quelque effort il murmura
brusquement :

— C'est possible.

Je demeurais immobile, l'esprit à demi endormi,
la bouche souriante, l'œil fixé sur cette douce réver-
bération dorée qui diaprait le plafond.

— Voilà une belle journée, répétai-je.

— Oui, me répondit l'homme, on vous attend.

Ce peu de mots, comme le fil qui rompt le vol
de l'insecte, me rejeta violemment dans la réalité.
Je revis soudain, comme dans la lumière d'un éclair,
la sombre salle des assises, le fer à cheval des juges

chargé de haillons ensanglantés, les trois rangs de témoins aux faces stupides, les deux gendarmes aux deux bouts de mon banc, et les robes noires s'agiter, et les têtes de la foule fourmiller au fond dans l'ombre, et s'arrêter sur moi le regard fixe de ces douze jurés, qui avaient veillé pendant que je dormais !

Je me levai ; mes dents claquaient, mes mains tremblaient et ne savaient où trouver mes vêtements, mes jambes étaient faibles. Au premier pas que je fis, je trébuchai comme un portefaix trop chargé. Cependant je suivis le geôlier.

Les deux gendarmes m'attendaient au seuil de la cellule. On me remit les menottes. Cela avait une petite serrure compliquée qu'ils fermèrent avec soin. Je laissai faire : c'était une machine sur une machine.

Nous traversâmes une cour intérieure. L'air vif du matin me ranima. Je levai la tête. Le ciel était bleu, et les rayons chauds du soleil, découpés par les longues cheminées, traçaient de grands angles de lumière au faîte des murs hauts et sombres de la prison. Il faisait beau en effet.

Nous montâmes un escalier tournant en vis ; nous passâmes un corridor, puis un autre, puis un troisième ; puis une porte basse s'ouvrit. Un air chaud, mêlé de bruit, vint me frapper au visage ; c'était le souffle de la foule dans la salle des assises. J'entrai.

Il y eut à mon apparition une rumeur d'armes et de voix. Les banquettes se déplacèrent bruyamment. Les cloisons craquèrent ; et, pendant que je traversais la longue salle entre deux masses de peuple murées de soldats, il me semblait que j'étais le centre auquel se rattachaient les fils qui faisaient mouvoir toutes ces faces béantes et penchées.

En cet instant, je m'aperçus que j'étais sans fers ;

mais je ne pus me rappeler où ni quand on me les avait ôtés.

Alors il se fit un grand silence. J'étais parvenu à ma place. Au moment où le tumulte cessa dans la foule, il cessa aussi dans mes idées. Je compris tout à coup clairement ce que je n'avais fait qu'entrevoir confusément jusqu'alors, que le moment décisif était venu, et que j'étais là pour entendre ma sentence.

L'explique qui pourra, de la manière dont cette idée me vint, elle ne me causa pas de terreur. Les fenêtres étaient ouvertes ; l'air et le bruit de la ville arrivaient librement du dehors : la salle était claire comme pour une noce ; les gais rayons du soleil traçaient çà et là la figure lumineuse des croisées, tantôt allongée sur le plancher, tantôt développée sur les tables, tantôt brisée à l'angle des murs ; et de ces losanges éclatants aux fenêtres chaque rayon découpait dans l'air un grand prisme de poussière d'or.

Les juges, au fond de la salle, avaient l'air satisfait, probablement de la joie d'avoir bientôt fini. Le visage du président, doucement éclairé par le reflet d'une vitre, avait quelque chose de calme et de bon ; et un jeune assesseur causait presque gaiement en chiffonnant son rabat avec une jolie dame en chapeau rose, placée par faveur derrière lui.

Les jurés seuls paraissaient blêmes et abattus, mais c'était apparemment de fatigue d'avoir veillé toute la nuit. Quelques-uns bâillaient. Rien, dans leur contenance, n'annonçait des hommes qui viennent de porter une sentence de mort ; et sur les figures de ces bons bourgeois je ne devinais qu'une grande envie de dormir.

En face de moi, une fenêtre était toute grande ouverte. J'entendais rire sur le quai des marchandes de fleurs ; et, au bord de la croisée, une jolie petite plante jaune, toute pénétrée d'un rayon de soleil, jouait avec le vent dans une fente de la pierre.

Comment une idée sinistre aurait-elle pu poindre parmi tant de gracieuses sensations ? Inondé d'air et de soleil, il me fut impossible de penser à autre chose qu'à la liberté ; l'espérance vint rayonner en moi comme le jour autour de moi ; et, confiant, j'attendis ma sentence comme on attend la délivrance et la vie.

Cependant mon avocat arriva. On l'attendait. Il venait de déjeuner copieusement et de bon appétit. Parvenu à sa place, il se pencha vers moi avec un sourire.

— J'espère, me dit-il.

— N'est-ce pas ? répondis-je, léger et souriant aussi.

— Oui, reprit-il ; je ne sais rien encore de leur déclaration, mais ils auront sans doute écarté la préméditation, et alors ce ne sera que les travaux forcés à perpétuité.

— Que dites-vous là, monsieur ? répliquai-je indigné ; plutôt cent fois la mort !

Oui, la mort ! — Et d'ailleurs, me répétait je ne sais quelle voix intérieure, qu'est-ce que je risque à dire cela ? A-t-on jamais prononcé sentence de mort autrement qu'à minuit, aux flambeaux, dans une salle sombre et noire, et par une froide nuit de pluie et d'hiver ? Mais au mois d'août, à huit heures du matin, un si beau jour, ces bons jurés, c'est impossible ! Et mes yeux revenaient se fixer sur la jolie fleur jaune au soleil.

Tout à coup le président, qui n'attendait que l'avocat, m'invita à me lever. La troupe porta les armes ; comme par un mouvement électrique, toute l'assemblée fut debout au même instant. Une figure insignifiante et nulle, placée à une table au-dessous du tribunal, c'était, je pense, le greffier, prit la parole, et lut le verdict que les jurés avaient prononcé en mon absence. Une sueur froide sortit de tous mes membres ; je m'appuyai au mur pour ne pas tomber.

— Avocat, avez-vous quelque chose à dire sur l'application de la peine ? demanda le président.

J'aurais eu, moi, tout à dire, mais rien ne me vint. Ma langue resta collée à mon palais.

Le défenseur se leva.

Je compris qu'il cherchait à atténuer la déclaration du jury, et à mettre dessous, au lieu de la peine qu'elle provoquait, l'autre peine, celle que j'avais été si blessé de lui voir espérer.

Il fallut que l'indignation fût bien forte, pour se faire jour à travers les mille émotions qui se disputaient ma pensée. Je voulus répéter à haute voix ce que je lui avais déjà dit : Plutôt cent fois la mort ! Mais l'haleine me manqua, et je ne pus que l'arrêter rudement par le bras, en criant avec une force convulsive : Non !

Le procureur général combattit l'avocat, et je l'écoutai avec une satisfaction stupide. Puis les juges sortirent, puis ils rentrèrent, et le président me lut mon arrêt.

— Condamné à mort ! dit la foule ; et, tandis qu'on m'emmenait, tout ce peuple se rua sur mes pas avec le fracas d'un édifice qui se démolit. Moi, je marchais, ivre et stupéfait. Une révolution venait de se faire en moi. Jusqu'à l'arrêt de mort, je m'étais senti respirer, palpiter, vivre dans le même milieu que les autres hommes ; maintenant je distinguais clairement comme une clôture entre le monde et moi. Rien ne m'apparaissait plus sous le même aspect qu'auparavant. Ces larges fenêtres lumineu-

ses, ce beau soleil, ce ciel pur, cette jolie fleur, tout
cela était blanc et pâle, de la couleur d'un linceul.
Ces hommes, ces femmes, ces enfants qui se pres-
saient sur mon passage, je leur trouvais des airs de
fantômes.

Au bas de l'escalier, une noire et sale voiture grillée m'attendait. Au moment d'y monter, je regardai
au hasard dans la place. — Un condamné à mort !
criaient les passants, en courant vers la voiture. À
travers le nuage qui me semblait s'être interposé
entre les choses et moi, je distinguai deux jeunes
filles qui me suivaient avec des yeux avides. – Bon,
dit la plus jeune en battant des mains, ce sera dans
six semaines !

III

Condamné à mort !

Eh bien, pourquoi non ? *Les hommes*, je me
rappelle l'avoir lu dans je ne sais quel livre où il
n'y avait que cela de bon, *les hommes sont tous
condamnés à mort avec des sursis indéfinis*. Qu'y
a-t-il donc de si changé à ma situation ?

Depuis l'heure où mon arrêt m'a été prononcé,
combien sont morts qui s'arrangeaient pour une
longue vie ! Combien m'ont devancé qui, jeunes,
libres et sains, comptaient bien aller voir tel jour
tomber ma tête en place de Grève ! Combien d'ici
là peut-être qui marchent et respirent au grand air,
entrent et sortent à leur gré, et qui me devanceront
encore !

Et puis, qu'est-ce que la vie a donc de si regret-
table pour moi ? En vérité, le jour sombre et le pain
noir du cachot, la portion de bouillon maigre puisée
au baquet des galériens, être rudoyé, moi qui suis

raffiné par l'éducation, être brutalisé des guichetiers et des gardes-chiourme, ne pas voir un être humain qui me croie digne d'une parole et à qui je le rende, sans cesse tressaillir et de ce que j'ai fait et de ce qu'on me fera : voilà à peu près les seuls biens que puisse m'enlever le bourreau.

Ah ! n'importe, c'est horrible !

IV

La voiture noire me transporta ici, dans ce hideux Bicêtre.

Vu de loin, cet édifice a quelque majesté. Il se déroule à l'horizon, au front d'une colline, et à distance garde quelque chose de son ancienne splendeur, un air de château de roi. Mais à mesure que vous approchez, le palais devient masure. Les pignons dégradés blessent l'œil. Je ne sais quoi de honteux et d'appauvri salit ces royales façades ; on dirait que les murs ont une lèpre. Plus de vitres, plus de glaces aux fenêtres ; mais de massifs barreaux de fer entrecroisés, auxquels se colle çà et là quelque hâve figure d'un galérien ou d'un fou.

C'est la vie vue de près.

V

À peine arrivé, des mains de fer s'emparèrent de moi. On multiplia les précautions : point de couteau, point de fourchette pour mes repas : la *camisole de force*, une espèce de sac de toile à voilure, emprisonna mes bras ; on répondait de ma vie. Je m'étais pourvu en cassation. On pouvait avoir pour six ou

sept semaines cette affaire onéreuse, et il importait
de me conserver sain et sauf à la place de Grève.

Les premiers jours on me traita avec une douceur
qui m'était horrible. Les égards d'un guichetier sen-
tent l'échafaud. Par bonheur, au bout de peu de
jours, l'habitude reprit le dessus ; ils me confondi-
rent avec les autres prisonniers dans une commune brutalité, et n'eurent plus de ces distinctions
inaccoutumées de politesse qui me remettaient sans
cesse le bourreau sous les yeux. Ce ne fut pas la
seule amélioration. Ma jeunesse, ma docilité, les
soins de l'aumônier de la prison, et surtout quelques
mots en latin que j'adressai au concierge, qui ne les
comprit pas, m'ouvrirent la promenade une fois par
semaine avec les autres détenus, et firent disparaître
la camisole où j'étais paralysé. Après bien des hési-
tations, on m'a aussi donné de l'encre, du papier,
des plumes, et une lampe de nuit.

Tous les dimanches, après la messe, on me lâche
dans le préau, à l'heure de la récréation. Là, je cause
avec les détenus : il le faut bien. Ils sont bonnes
gens, les misérables. Ils me content leurs *tours*, ce
serait à faire horreur, mais je sais qu'ils se van-
tent. Ils m'apprennent à parler argot, à *rouscailler
bigorne*, comme ils disent. C'est toute une langue
entée sur la langue générale comme une espèce
d'excroissance hideuse, comme une verrue. Quelquefois une énergie singulière, un pittoresque
effrayant : *Il y a du raisiné sur le trimar* (du sang
sur le chemin), *épouser la veuve* (être pendu),
comme si la corde du gibet était veuve de tous les
pendus. La tête d'un voleur a deux noms : *la sorbonne*, quand elle médite, raisonne et conseille le
crime : *la tronche*, quand le bourreau la coupe.
Quelquefois de l'esprit de vaudeville : un *cachemire
d'osier* (une hotte de chiffonnier), *la menteuse* (la

langue) ; et puis partout, à chaque instant, des mots bizarres, mystérieux, laids et sordides, venus on ne sait d'où : *le taule* (le bourreau), *la cône* (la mort), *la placarde* (la place des exécutions). On dirait des crapauds et des araignées. Quand on entend parler cette langue, cela fait l'effet de quelque chose de sale et de poudreux, d'une liasse de haillons que l'on secouerait devant vous.

Du moins, ces hommes-là me plaignent, ils sont les seuls. Les geôliers, les guichetiers, les porte-clefs, — je ne leur en veux pas, — causent et rient, et parlent de moi, devant moi, comme d'une chose.

VI

Je me suis dit :

— Puisque j'ai le moyen d'écrire, pourquoi ne le ferais-je pas ? Mais quoi écrire ? Pris entre quatre murailles de pierre nue et froide, sans liberté pour mes pas, sans horizon pour mes yeux, pour unique distraction machinalement occupé tout le jour à suivre la marche lente de ce carré blanchâtre que le judas de ma porte découpe vis-à-vis sur le mur sombre, et, comme je le disais tout à l'heure, seul à seul avec une idée, une idée de crime et de châtiment, de meurtre et de mort ! est-ce que je puis avoir quelque chose à dire, moi qui n'ai plus rien à faire dans ce monde ? Et que trouverai-je dans ce cerveau flétri et vide qui vaille la peine d'être écrit ?

Pourquoi non ? Si tout, autour de moi, est mono-tone et décoloré, n'y a-t-il pas en moi une tempête, une lutte, une tragédie ? Cette idée fixe qui me possède ne se présente-t-elle pas à moi à chaque heure, à chaque instant, sous une nouvelle forme, toujours plus hideuse et plus ensanglantée à mesure

que le terme approche ? Pourquoi n'essaierai-je pas
de me dire à moi-même tout ce que j'éprouve de
violent et d'inconnu dans la situation abandonnée
où me voilà ? Certes, la matière est riche ; et, si
abrégée que soit ma vie, il y aura bien encore dans
les angoisses, dans les terreurs, dans les tortures qui
la rempliront, de cette heure à la dernière, de quoi
user cette plume et tarir cet encrier. — D'ailleurs,
ces angoisses, le seul moyen d'en moins souffrir,
c'est de les observer, et les peindre m'en distraira.

Et puis, ce que j'écrirai ainsi ne sera peut-être
pas inutile. Ce journal de mes souffrances, heure
par heure, minute par minute, supplice par supplice, si j'ai la force de le mener jusqu'au moment
où il me sera *physiquement* impossible de continuer,
cette histoire, nécessairement inachevée, mais aussi
complète que possible, de mes sensations, ne por-
tera-t-elle point avec elle un grand et profond ensei-
gnement ? N'y aura-t-il pas dans ce procès-verbal
de la pensée agonisante, dans cette progression
toujours croissante de douleurs, dans cette espèce
d'autopsie intellectuelle d'un condamné, plus d'une
leçon pour ceux qui condamnent ? Peut-être cette
lecture leur rendra-t-elle la main moins légère,
quand il s'agira quelque autre fois de jeter une
tête qui pense, une tête d'homme, dans ce qu'ils
appellent la balance de la justice ? Peut-être n'ont-
ils jamais réfléchi, les malheureux, à cette lente suc-
cession de tortures que renferme la formule
expéditive d'un arrêt de mort ? Se sont-ils jamais
seulement arrêtés à cette idée poignante que dans
l'homme qu'ils retranchent il y a une intelligence,
une intelligence qui avait compté sur la vie, une
âme qui ne s'est point disposée pour la mort ? Non.
Ils ne voient dans tout cela que la chute verticale

d'un couteau triangulaire, et pensent sans doute que pour le condamné il n'y a rien avant, rien après.

Ces feuilles les détromperont. Publiées peut-être un jour, elles arrêteront quelques moments leur esprit sur les souffrances de l'esprit, car ce sont celles-là qu'ils ne soupçonnent pas. Ils sont triomphants de pouvoir tuer sans presque faire souffrir le corps. Hé ! c'est bien de cela qu'il s'agit ! Qu'est-ce que la douleur physique près de la douleur morale ! Horreur et pitié, des lois faites ainsi ! Un jour viendra, et peut-être ces mémoires, derniers confidents d'un misérable, y auront-ils contribué... —

À moins qu'après ma mort le vent ne joue dans le préau avec ces morceaux de papiers souillés de boue, ou qu'ils n'aillent pourrir à la pluie, collés en étoiles à la vitre cassée d'un guichetier.

VII

Que ce que j'écris ici puisse être un jour utile à d'autres, que cela arrête le juge prêt à juger, que cela sauve des malheureux, innocents ou coupables, de l'agonie à laquelle je suis condamné, pourquoi ? à quoi bon ? qu'importe ? Quand ma tête aura été coupée, qu'est-ce que cela me fait qu'on en coupe d'autres ? Est-ce que vraiment j'ai pu penser ces folies ? Jeter bas l'échafaud après que j'y aurai monté ! je vous demande un peu ce qui m'en reviendra.

Quoi ! le soleil, le printemps, les champs pleins de fleurs, les oiseaux qui s'éveillent le matin, les nuages, les arbres, la nature, la liberté, la vie, tout cela n'est plus à moi !

Ah ! c'est moi qu'il faudrait sauver ! Est-il bien vrai que cela ne se peut, qu'il faudra mourir demain,

aujourd'hui peut-être, que cela est ainsi ? Ô Dieu !
l'horrible idée à se briser la tête au mur de son
cachot !

VIII

Comptons ce qui me reste :

Trois jours de délai après l'arrêt prononcé pour
le pourvoi en cassation.

Huit jours d'oubli au parquet de la cour d'assises, après quoi les *pièces*, comme ils disent, sont
envoyées au ministre.

Quinze jours d'attente chez le ministre, qui ne
sait seulement pas qu'elles existent, et qui cependant
est supposé les transmettre, après examen, à la cour
de cassation.

Là, classement, numérotage, enregistrement : car
la guillotine est encombrée, et chacun ne doit passer
qu'à son tour.

Quinze jours pour veiller à ce qu'il ne vous soit
pas fait de passe-droit.

Enfin la cour s'assemble, d'ordinaire un jeudi,
rejette vingt pourvois en masse, et renvoie le tout
au ministre, qui renvoie au procureur général, qui
renvoie au bourreau. Trois jours.

Le matin du quatrième jour, le substitut du procureur général se dit, en mettant sa cravate : — Il
faut pourtant que cette affaire finisse. — Alors, si
le substitut du greffier n'a pas quelque déjeuner
d'amis qui l'en empêche, l'ordre d'exécution est
minuté, rédigé, mis au net, expédié, et le lendemain
dès l'aube on entend dans la place de Grève clouer
une charpente, et dans les carrefours hurler à pleine
voix des crieurs enroués.

En tout six semaines. La petite fille avait raison.

Or, voilà cinq semaines au moins, six peut-être, je n'ose compter, que je suis dans ce cabanon de Bicêtre, et il me semble qu'il y a trois jours c'était jeudi.

IX

Je viens de faire mon testament.

À quoi bon ? Je suis condamné aux frais, et tout ce que j'ai y suffira à peine. La guillotine, c'est fort cher.

Je laisse une mère, je laisse une femme, je laisse un enfant.

Une petite fille de trois ans, douce, rose, frêle, avec de grands yeux noirs et de longs cheveux châtains.

Elle avait deux ans et un mois quand je l'ai vue pour la dernière fois.

Ainsi, après ma mort, trois femmes, sans fils, sans mari, sans père ; trois orphelines de différente espèce ; trois veuves du fait de la loi.

J'admets que je sois justement puni ; ces innocentes, qu'ont-elles fait ? N'importe ; on les déshonore, on les ruine. C'est la justice.

Ce n'est pas que ma pauvre vieille mère m'inquiète : elle a soixante-quatre ans, elle mourra du coup. Ou si elle va quelques jours encore, pourvu que jusqu'au dernier moment elle ait un peu de cendre chaude dans sa chaufferette, elle ne dira rien.

Ma femme ne m'inquiète pas non plus ; elle est déjà d'une mauvaise santé et d'un esprit faible. Elle mourra aussi.

À moins qu'elle ne devienne folle. On dit que cela fait vivre ; mais du moins, l'intelligence ne souffre pas ; elle dort, elle est comme morte.

Mais ma fille, mon enfant, ma pauvre petite Marie, qui rit, qui joue, qui chante à cette heure et ne pense à rien, c'est celle-là qui me fait mal !

X

Voici ce que c'est que mon cachot :

Huit pieds carrés. Quatre murailles de pierre de taille qui s'appuient à angle droit sur un pavé de dalles exhaussé d'un degré au-dessus du corridor extérieur.

À droite de la porte, en entrant, une espèce d'enfoncement qui fait la dérision d'une alcôve. On y jette une botte de paille où le prisonnier est censé reposer et dormir, vêtu d'un pantalon de toile et d'une veste de coutil, hiver comme été.

Au-dessus de ma tête, en guise de ciel, une noire voûte en *ogive* — c'est ainsi que cela s'appelle — à laquelle d'épaisses toiles d'araignée pendent comme des haillons.

Du reste, pas de fenêtres, pas même de soupirail. Une porte où le fer cache le bois.

Je me trompe : au centre de la porte, vers le haut, une ouverture de neuf pouces carrés, coupée d'une grille en croix, et que le guichetier peut fermer la nuit.

Au-dehors, un assez long corridor, éclairé, aéré au moyen de soupiraux étroits au haut du mur, et divisé en compartiments de maçonnerie qui communiquent entre eux par une série de portes cintrées et basses ; chacun de ces compartiments sert en quelque sorte d'antichambre à un cachot pareil au mien. C'est dans ces cachots que l'on met les forçats condamnés par le directeur de la prison à des peines de discipline. Les trois premiers cabanons sont

réservés aux condamnés à mort, parce qu'étant plus
voisins de la geôle ils sont plus commodes pour le
geôlier.

Ces cachots sont tout ce qui reste de l'ancien
château de Bicêtre tel qu'il fut bâti dans le quin-
zième siècle par le cardinal de Winchester, le même
qui fit brûler Jeanne d'Arc. J'ai entendu dire cela à
des *curieux* qui sont venus me voir l'autre jour dans
ma loge, et qui me regardaient à distance comme
une bête de la ménagerie. Le guichetier a eu cent
sous.

J'oubliais de dire qu'il y a nuit et jour un fac-
tionnaire de garde à la porte de mon cachot, et que
mes yeux ne peuvent se lever vers la lucarne carrée
sans rencontrer ses deux yeux fixes toujours ouverts.

Du reste, on suppose qu'il y a de l'air et du jour
dans cette boîte de pierre.

XI

Puisque le jour ne paraît pas encore, que faire de
la nuit ? Il m'est venu une idée. Je me suis levé et
j'ai promené ma lampe sur les quatre murs de ma
cellule. Ils sont couverts d'écritures, de dessins, de
figures bizarres, de noms qui se mêlent et s'effacent
les uns les autres. Il semble que chaque condamné
ait voulu laisser trace, ici du moins. C'est du crayon,
de la craie, du charbon, des lettres noires, blanches,
grises, souvent de profondes entailles dans la pierre,
çà et là des caractères rouillés qu'on dirait écrits
avec du sang. Certes, si j'avais l'esprit plus libre,
je prendrais intérêt à ce livre étrange qui se déve-
loppe page à page à mes yeux sur chaque pierre de
ce cachot. J'aimerais à recomposer un tout de ces
fragments de pensée, épars sur la dalle ; à retrouver

chaque homme sous chaque nom ; à rendre le sens et la vie à ces inscriptions mutilées, à ces phrases démembrées, à ces mots tronqués, corps sans tête comme ceux qui les ont écrits.

À la hauteur de mon chevet, il y a deux cœurs enflammés, percés d'une flèche, et au-dessus *Amour pour la vie*. Le malheureux ne prenait pas un long engagement.

À côté, une espèce de chapeau à trois cornes avec une petite figure grossièrement dessinée au-dessous, et ces mots : *Vive l'empereur ! 1824*.

Encore des cœurs enflammés, avec cette inscription, caractéristique dans une prison : *J'aime et j'adore Mathieu Danvin*. JACQUES.

Sur le mur opposé on lit ce nom : *Papavoine*. Le *P* majuscule est brodé d'arabesques et enjolivé avec soin.

Un couplet d'une chanson obscène.

Un bonnet de liberté sculpté assez profondément dans la pierre, avec ceci dessous : — *Bories*. — *La République*. C'était un des quatre sous-officiers de La Rochelle. Pauvre jeune homme ! Que leurs prétendues nécessités politiques sont hideuses ! pour une idée, pour une rêverie, pour une abstraction, cette horrible réalité qu'on appelle la guillotine ! Et moi qui me plaignais, moi, misérable qui ai commis un véritable crime, qui ai versé du sang !

Je n'irai pas plus loin dans ma recherche. — Je viens de voir, crayonnée en blanc au coin du mur, une image épouvantable, la figure de cet échafaud qui, à l'heure qu'il est, se dresse peut-être pour moi. — La lampe a failli me tomber des mains.

XII

Je suis revenu m'asseoir précipitamment sur ma paille, la tête dans les genoux. Puis mon effroi d'enfant s'est dissipé, et une étrange curiosité m'a repris de continuer la lecture de mon mur.

À côté du nom de Papavoine j'ai arraché une énorme toile d'araignée, tout épaissie par la poussière et tendue à l'angle de la muraille. Sous cette toile il y avait quatre ou cinq noms parfaitement lisibles ; parmi d'autres dont il ne reste rien qu'une tache sur le mur. — DAUTUN, 1815. — POULAIN, 1818. — JEAN MARTIN, 1821. — CASTAING, 1823. J'ai lu ces noms, et de lugubres souvenirs me sont venus : Dautun, celui qui a coupé son frère en quartiers, et qui allait la nuit dans Paris jetant la tête dans une fontaine et le tronc dans un égout ; Poulain, celui qui a assassiné sa femme ; Jean Martin, celui qui a tiré un coup de pistolet à son père au moment où le vieillard ouvrait une fenêtre ; Castaing, ce médecin qui a empoisonné son ami, et qui, le soignant dans cette dernière maladie qu'il lui avait faite, au lieu de remède lui redonnait du poison ; et auprès de ceux-là, Papavoine, l'horrible fou qui tuait les enfants à coups de couteau sur la tête !

Voilà, me disais-je, et un frisson de fièvre me montait dans les reins, voilà quels ont été avant moi les hôtes de cette cellule. C'est ici, sur la même dalle où je suis, qu'ils ont pensé leurs dernières pensées, ces hommes de meurtre et de sang ! c'est autour de ce mur, dans ce carré étroit, que leurs derniers pas ont tourné comme ceux d'une bête fauve. Ils se sont succédé à de courts intervalles ; il paraît que ce cachot ne désemplit pas. Ils ont laissé la place chaude, et c'est à moi qu'ils l'ont laissée.

J'irai à mon tour les rejoindre au cimetière de Clamart, où l'herbe pousse si bien !

Je ne suis ni visionnaire, ni superstitieux. Il est probable que ces idées me donnaient un accès de fièvre ; mais pendant que je rêvais ainsi, il m'a semblé tout à coup que ces noms fatals étaient écrits avec du feu sur le mur noir ; un tintement de plus en plus précipité a éclaté dans mes oreilles ; une lueur rousse a rempli mes yeux ; et puis il m'a paru que le cachot était plein d'hommes, d'hommes étranges qui portaient leur tête dans leur main gauche, et la portaient par la bouche, parce qu'il n'y avait pas de chevelure. Tous me montraient le poing, excepté le parricide.

J'ai fermé les yeux avec horreur, alors j'ai tout vu plus distinctement.

Rêve, vision ou réalité, je serais devenu fou, si une impression brusque ne m'eût réveillé à temps. J'étais près de tomber à la renverse lorsque j'ai senti se traîner sur mon pied nu un ventre froid et des pattes velues ; c'était l'araignée que j'avais dérangée et qui s'enfuyait.

Cela m'a dépossédé. — ô les épouvantables spectres ! — Non, c'était une fumée, une imagination de mon cerveau vide et convulsif. Chimère à la Macbeth ! Les morts sont morts ; ceux-là surtout. Ils sont bien cadenassés dans le sépulcre. Ce n'est pas là une prison dont on s'évade. Comment se fait-il donc que j'aie eu peur ainsi ?

La porte du tombeau ne s'ouvre pas en dedans.

XIII

J'ai vu, ces jours passés, une chose hideuse.

Il était à peine jour, et la prison était pleine de

bruit. On entendait ouvrir et fermer les lourdes portes, grincer les verrous et les cadenas de fer, carillonner les trousseaux de clefs entrechoqués à la ceinture des geôliers, trembler les escaliers du haut en bas sous des pas précipités, et des voix s'appeler et se répondre des deux bouts des longs corridors. Mes voisins de cachot, les forçats en punition, étaient plus gais qu'à l'ordinaire. Tout Bicêtre semblait rire, chanter, courir, danser.

Moi, seul muet dans ce vacarme, seul immobile dans ce tumulte, étonné et attentif, j'écoutais.

Un geôlier passa.

Je me hasardai à l'appeler et à lui demander si c'était fête dans la prison.

— Fête si l'on veut ! me répondit-il. C'est aujourd'hui qu'on ferre les forçats qui doivent partir demain pour Toulon. Voulez-vous voir, cela vous amusera.

C'était en effet, pour un reclus solitaire, une bonne fortune qu'un spectacle, si odieux qu'il fût. J'acceptai l'amusement.

Le guichetier prit les précautions d'usage pour s'assurer de moi, puis me conduisit dans une petite cellule vide, et absolument démeublée, qui avait une fenêtre grillée, mais une véritable fenêtre à hauteur d'appui, et à travers laquelle on apercevait réellement le ciel.

— Tenez, me dit-il, d'ici vous verrez et vous entendrez. Vous serez seul dans votre loge comme le roi.

Puis il sortit et referma sur moi serrures, cadenas et verrous.

La fenêtre donnait sur une cour carrée assez vaste, et autour de laquelle s'élevait des quatre côtés, comme une muraille, un grand bâtiment de pierre de taille à six étages. Rien de plus dégradé, de plus nu, de plus misérable à l'œil que cette quadruple façade percée d'une multitude de fenêtres grillées auxquelles se tenaient collés, du bas en haut, une foule de visages maigres et blêmes, pressés les uns au-dessus des autres, comme les pierres d'un mur, et tous pour ainsi dire encadrés dans les entre-croisements des barreaux de fer. C'étaient les pri-sonniers, spectateurs de la cérémonie en attendant leur jour d'être acteurs. On eût dit des âmes en peine aux soupiraux du purgatoire qui donnent sur l'enfer.

Tous regardaient en silence la cour vide encore. Ils attendaient. Parmi ces figures éteintes et mornes, çà et là brillaient quelques yeux perçants et vifs comme des points de feu.

Le carré de prisons qui enveloppe la cour ne se referme pas sur lui-même. Un des quatre pans de l'édifice (celui qui regarde le levant) est coupé vers son milieu, et ne se rattache au pan voisin que par une grille de fer. Cette grille s'ouvre sur une seconde cour, plus petite que la première et, comme elle, bloquée de murs et de pignons noirâtres.

Tout autour de la cour principale, des bancs de pierre s'adossent à la muraille. Au milieu se dresse une tige de fer courbée, destinée à porter une lanterne.

Midi sonna. Une grande porte cochère, cachée sous un enfoncement, s'ouvrit brusquement. Une charrette, escortée d'espèces de soldats sales et hon-teux, en uniformes bleus, à épaulettes rouges et à bandoulières jaunes, entra lourdement dans la cour avec un bruit de ferraille. C'était la chiourme et les chaînes.

Au même instant, comme si ce bruit réveillait tout le bruit de la prison, les spectateurs des fenê-tres, jusqu'alors silencieux et immobiles, éclatèrent en cris de joie, en chansons, en menaces, en impré-

cations mêlées d'éclats de rire poignants à entendre.
On eût cru voir des masques de démons. Sur chaque
visage parut une grimace, tous les poings sortirent
des barreaux, toutes les voix hurlèrent, tous les yeux
flamboyèrent, et je fus épouvanté de voir tant d'étincelles reparaître dans cette cendre.

Cependant les argousins, parmi lesquels on dis-
tinguait, à leurs vêtements propres et à leur effroi,
quelques curieux venus de Paris, les argousins se
mirent tranquillement à leur besogne. L'un d'eux
monta sur la charrette, et jeta à ses camarades les
chaînes, les colliers de voyage, et les liasses de
pantalons de toile. Alors ils se dépecèrent le travail ;
les uns allèrent étendre dans un coin de la cour les
longues chaînes qu'ils nommaient dans leur argot
les ficelles ; les autres déployèrent sur le pavé *les
taffetas*, les chemises et les pantalons ; tandis que
les plus sagaces examinaient un à un, sous l'œil de
leur capitaine, petit vieillard trapu, les carcans de
fer, qu'ils éprouvaient ensuite en les faisant étinceler
sur le pavé. Le tout aux acclamations railleuses des
prisonniers ; dont la voix n'était dominée que par
les rires bruyants des forçats pour qui cela se pré-
parait, et qu'on voyait relégués aux croisées de la
vieille prison qui donne sur la petite cour.

Quand ces apprêts furent terminés, un monsieur
brodé en argent, qu'on appelait *monsieur l'inspec-
teur*, donna un ordre au *directeur* de la prison ; et
un moment après, voilà que deux ou trois portes
basses vomirent presque en même temps, et comme
par bouffées, dans la cour, des nuées d'hommes
hideux, hurlants et déguenillés. C'étaient les forçats.

À leur entrée, redoublement de joie aux fenêtres. Quelques-uns d'entre eux, les grands noms du
bagne, furent salués d'acclamations et d'applaudis-
sements qu'ils recevaient avec une sorte de modes-

tie fière. La plupart avaient des espèces de chapeaux tressés de leurs propres mains avec la paille du cachot, et toujours d'une forme étrange, afin que dans les villes où l'on passerait le chapeau fît remarquer la tête. Ceux-là étaient plus applaudis encore. Un, surtout, excita des transports d'enthousiasme : un jeune homme de dix-sept ans, qui avait un visage de jeune fille. Il sortait du cachot, où il était au secret depuis huit jours ; de sa botte de paille il s'était fait un vêtement qui l'enveloppait de la tête aux pieds, et il entra dans la cour en faisant la roue sur lui-même avec l'agilité d'un serpent. C'était un baladin condamné pour vol. Il y eut une rage de battements de mains et de cris de joie. Les galériens y répondaient, et c'était une chose effrayante que cet échange de gaietés entre les forçats en titre et les forçats aspirants. La société avait beau être là, représentée par les geôliers et les curieux épouvantés, le crime la narguait en face, et de ce châtiment horrible faisait une fête de famille.

À mesure qu'ils arrivaient, on les poussait, entre deux haies de gardes-chiourme, dans la petite cour grillée ; où la visite des médecins les attendait. C'est là que tous tentaient un dernier effort pour éviter le voyage, alléguant quelque excuse de santé, les yeux malades, la jambe boiteuse, la main mutilée. Mais presque toujours on les trouvait bons pour le bagne ; et alors chacun se résignait avec insouciance, oubliant en peu de minutes sa prétendue infirmité de toute la vie.

La grille de la petite cour se rouvrit. Un gardien fit l'appel par ordre alphabétique ; et alors ils sortirent un à un, et chaque forçat s'alla ranger debout dans un coin de la grande cour, près d'un compagnon donné par le hasard de sa lettre initiale. Ainsi chacun se voit réduit à lui-même ; chacun porte sa chaîne pour soi, côte à côte avec un inconnu ; et si par hasard un forçat a un ami, la chaîne l'en sépare. Dernière des misères !

Quand il y en eut à peu près une trentaine de sortis, on referma la grille. Un argousin les aligna avec son bâton, jeta devant chacun d'eux une chemise, une veste et un pantalon de grosse toile, puis fit un signe, et tous commencèrent à se déshabiller. Un incident inattendu vint, comme à point nommé, changer cette humiliation en torture.

Jusqu'alors le temps avait été assez beau, et, si la bise d'octobre refroidissait l'air, de temps en temps aussi elle ouvrait çà et là dans les brumes grises du ciel une crevasse par où tombait un rayon de soleil. Mais à peine les forçats se furent-ils dépouillés de leurs haillons de prison, au moment où ils s'offraient nus et debout à la visite soupçonneuse des gardiens, et aux regards curieux des étrangers qui tournaient autour d'eux pour examiner leurs épaules, le ciel devint noir, une froide averse d'automne éclata brusquement, et se déchargea à torrents dans la cour carrée, sur les têtes découvertes, sur les membres nus des galériens, sur leurs misérables sayons étalés sur le pavé.

En un clin d'œil le préau se vida de tout ce qui n'était pas argousin ou galérien. Les curieux de Paris allèrent s'abriter sous les auvents des portes.

Cependant la pluie tombait à flots. On ne voyait plus dans la cour que les forçats nus et ruisselants sur le pavé noyé. Un silence morne avait succédé à leurs bruyantes bravades. Ils grelottaient, leurs dents claquaient ; leurs jambes maigries, leurs genoux noueux s'entrechoquaient : et c'était pitié de les voir appliquer sur leurs membres bleus ces chemises trempées, ces vestes, ces pantalons dégouttants de pluie. La nudité eût été meilleure.

Un seul, un vieux, avait conservé quelque gaieté. Il s'écria, en s'essuyant avec sa chemise mouillée, que *cela n'était pas dans le programme* ; puis se prit à rire en montrant le poing au ciel.

Quand ils eurent revêtu les habits de route, on les mena par bandes de vingt ou trente à l'autre coin du préau, où les cordons allongés à terre les attendaient. Ces cordons sont de longues et fortes chaînes coupées transversalement de deux en deux pieds par d'autres chaînes plus courtes, à l'extrémité desquelles se rattache un carcan carré, qui s'ouvre au moyen d'une charnière pratiquée à l'un des angles et se ferme à l'angle opposé par un boulon de fer, rivé pour tout le voyage sur le cou du galérien. Quand ces cordons sont développés à terre, ils figurent assez bien la grande arête d'un poisson.

On fit asseoir les galériens dans la boue, sur les pavés inondés ; on leur essaya les colliers ; puis deux forgerons de la chiourme, armés d'enclumes portatives, les leur rivèrent à froid à grands coups de masses de fer. C'est un moment affreux, où les plus hardis pâlissent. Chaque coup de marteau, asséné sur l'enclume appuyée à leur dos, fait rebondir le menton du patient : le moindre mouvement d'avant en arrière lui ferait sauter le crâne comme une coquille de noix.

Après cette opération, ils devinrent sombres. On n'entendait plus que le grelottement des chaînes, et par intervalles un cri et le bruit sourd du bâton des gardes-chiourme sur les membres des récalcitrants. Il y en eut qui pleurèrent : les vieux frissonnaient et se mordaient les lèvres. Je regardai avec terreur tous ces profils sinistres dans leurs cadres de fer.

Ainsi, après la visite des médecins, la visite des geôliers ; après la visite des geôliers, le ferrage. Trois actes à ce spectacle.

Un rayon de soleil reparut. On eût dit qu'il mettait le feu à tous ces cerveaux. Les forçats se levèrent à la fois, comme par un mouvement convulsif. Les cinq cordons se rattachèrent par les mains, et tout à coup se formèrent en ronde immense autour de la branche de la lanterne. Ils tournaient à fatiguer les yeux. Ils chantaient une chanson du bagne, une romance d'argot, sur un air tantôt plaintif, tantôt furieux et gai ; on entendait par intervalles des cris grêles, des éclats de rire déchirés et haletants se mêler aux mystérieuses paroles ; puis des acclamations furibondes ; et les chaînes qui s'entrechoquaient en cadence servaient d'orchestre à ce chant plus rauque que leur bruit. Si je cherchais une image du sabbat, je ne la voudrais ni meilleure ni pire.

On apporta dans le préau un large baquet. Les gardes-chiourme rompirent la danse des forçats à coups de bâton, et les conduisirent à ce baquet, dans lequel on voyait nager je ne sais quelles herbes dans je ne sais quel liquide fumant et sale. Ils mangèrent.

Puis, ayant mangé, ils jetèrent sur le pavé ce qui restait de leur soupe et de leur pain bis, et se remirent à danser, et à chanter. Il paraît qu'on leur laisse cette liberté le jour du ferrage et la nuit qui le suit.

J'observais ce spectacle étrange avec une curiosité si avide, si palpitante, si attentive, que je m'étais oublié moi-même. Un profond sentiment de pitié me remuait jusqu'aux entrailles, et leurs rires me faisaient pleurer.

Tout à coup, à travers la rêverie profonde où j'étais tombé, je vis la ronde hurlante s'arrêter et se taire. Puis tous les yeux se tournèrent vers la fenêtre que j'occupais. — Le condamné ! le condamné ! crièrent-ils tous en me montrant du doigt ; et les explosions de joie redoublèrent.

Je restai pétrifié.

J'ignore d'où ils me connaissaient et comment ils m'avaient reconnu.

— Bonjour ! bonsoir ! me crièrent-ils avec leur ricanement atroce. Un des plus jeunes, condamné aux galères perpétuelles, face luisante et plombée, me regarda d'un air d'envie en disant : — Il est heureux ! il sera *rogné* ! Adieu, camarade !

Je ne puis dire ce qui se passait en moi. J'étais leur camarade en effet. La Grève est sœur de Toulon. J'étais même placé plus bas qu'eux : ils me faisaient honneur. Je frissonnai.

Oui, leur camarade ! Et quelques jours plus tard, j'aurais pu aussi, moi, être un spectacle pour eux.

J'étais demeuré à la fenêtre, immobile, perclus, paralysé. Mais quand je vis les cinq cordons s'avancer, se ruer vers moi avec des paroles d'une infernale cordialité ; quand j'entendis le tumultueux fracas de leurs chaînes, de leurs clameurs, de leurs pas, au pied du mur, il me sembla que cette nuée de démons escaladait ma misérable cellule ; je poussai un cri, je me jetai sur la porte d'une violence à la briser ; mais pas moyen de fuir. Les verrous étaient tirés en dehors. Je heurtai, j'appelai avec rage. Puis il me sembla entendre de plus près encore les effrayantes voix des forçats. Je crus voir leurs têtes hideuses paraître déjà au bord de ma fenêtre, je poussai un second cri d'angoisse, et je tombai évanoui.

XIV

Quand je revins à moi, il était nuit. J'étais couché dans un grabat ; une lanterne qui vacillait au plafond me fit voir d'autres grabats alignés des deux côtés du mien. Je compris qu'on m'avait transporté à l'infirmerie.

Je restai quelques instants éveillé, mais sans pensée et sans souvenir, tout entier au bonheur d'être dans un lit. Certes, en d'autres temps, ce lit d'hôpital et de prison m'eût fait reculer de dégoût et de pitié ; mais je n'étais plus le même homme. Les draps étaient gris et rudes au toucher, la couverture maigre et trouée ; on sentait la paillasse à travers le matelas ; qu'importe ! mes membres pouvaient se déroidir à l'aise entre ces draps grossiers ; sous cette couverture, si mince qu'elle fût, je sentais se dissiper peu à peu cet horrible froid de la moelle des os dont j'avais pris l'habitude. — Je me rendormis.

Un grand bruit me réveilla ; il faisait petit jour. Ce bruit venait du dehors ; mon lit était à côté de la fenêtre, je me levai sur mon séant pour voir ce que c'était.

La fenêtre donnait sur la grande cour de Bicêtre. Cette cour était pleine de monde ; deux haies de vétérans avaient peine à maintenir libre, au milieu de cette foule, un étroit chemin qui traversait la cour. Entre ce double rang de soldats cheminaient lentement, cahotées à chaque pavé, cinq longues charrettes chargées d'hommes ; c'étaient les forçats qui partaient.

Ces charrettes étaient découvertes. Chaque cordon en occupait une. Les forçats étaient assis de côté sur chacun des bords, adossés les uns aux autres, séparés par la chaîne commune, qui se développait dans la longueur du chariot, et sur l'extrémité de laquelle un argousin debout, fusil chargé, tenait le pied. On entendait bruire leurs fers, et, à chaque secousse de la voiture, on voyait sauter leurs têtes et ballotter leurs jambes pendantes.

Une pluie fine et pénétrante glaçait l'air, et collait

sur leurs genoux leurs pantalons de toile, de gris
devenus noirs. Leurs longues barbes, leurs cheveux
courts, ruisselaient ; leurs visages étaient violets ; on
les voyait grelotter, et leurs dents grinçaient de rage
et de froid. Du reste, pas de mouvements possibles.
Une fois rivé à cette chaîne, on n'est plus qu'une
fraction de ce tout hideux qu'on appelle le cordon, et qui se meut comme un seul homme. L'intelligence doit abdiquer, le carcan du bagne la
condamne à mort ; et quant à l'animal lui-même, il
ne doit plus avoir de besoins et d'appétits qu'à
heures fixes. Ainsi, immobiles, la plupart demi-nus,
têtes découvertes et pieds pendants, ils commen-
çaient leur voyage de vingt-cinq jours, chargés sur
les mêmes charrettes, vêtus des mêmes vêtements
pour le soleil à plomb de juillet et pour les froides
pluies de novembre. On dirait que les hommes veulent mettre le ciel de moitié dans leur office de
bourreaux.

Il s'était établi entre la foule et les charrettes je
ne sais quel horrible dialogue : injures d'un côté,
bravades de l'autre, imprécations des deux parts ;
mais, à un signe du capitaine, je vis les coups de
bâton pleuvoir au hasard dans les charrettes, sur les
épaules ou sur les têtes, et tout rentra dans cette
espèce de calme extérieur qu'on appelle l'*ordre*.
Mais les yeux étaient pleins de vengeance, et les
poings des misérables se crispaient sur leurs genoux.

Les cinq charrettes, escortées de gendarmes à
cheval et d'argousins à pied, disparurent successi-
vement sous la haute porte cintrée de Bicêtre ; une
sixième les suivit, dans laquelle ballottaient pêle-
mêle les chaudières, les gamelles de cuivre et les
chaînes de rechange. Quelques gardes-chiourme qui
s'étaient attardés à la cantine sortirent en courant
pour rejoindre leur escouade. La foule s'écoula.

Tout ce spectacle s'évanouit comme une fantasmagorie. On entendit s'affaiblir par degrés dans l'air le bruit lourd des roues et des pieds des chevaux sur la route pavée de Fontainebleau, le claquement des fouets, le cliquetis des chaînes, et les hurlements du peuple qui souhaitait malheur au voyage des galériens.

Et c'est là pour eux le commencement !

Que me disait-il donc, l'avocat ? Les galères ! Ah ! oui, plutôt mille fois la mort ! plutôt l'échafaud que le bagne, plutôt le néant que l'enfer ; plutôt livrer mon cou au couteau de Guillotin qu'au carcan de la chiourme ! Les galères, juste ciel !

XV

Malheureusement je n'étais pas malade. Le lendemain il fallut sortir de l'infirmerie. Le cachot me reprit.

Pas malade ! en effet, je suis jeune, sain et fort. Le sang coule librement dans mes veines ; tous mes membres obéissent à tous mes caprices ; je suis robuste de corps et d'esprit, constitué pour une longue vie ; oui, tout cela est vrai ; et cependant j'ai une maladie, une maladie mortelle, une maladie faite de la main des hommes.

Depuis que je suis sorti de l'infirmerie, il m'est venu une idée poignante, une idée à me rendre fou, c'est que j'aurais peut-être pu m'évader si l'on m'y avait laissé. Ces médecins, ces sœurs de charité, semblaient prendre intérêt à moi. Mourir si jeune et d'une telle mort ! On eût dit qu'ils me plaignaient, tant ils étaient empressés autour de mon chevet. Bah ! curiosité ! Et puis, ces gens qui guérissent vous guérissent bien d'une fièvre, mais non d'une sentence de mort. Et pourtant cela leur serait si facile ! une porte ouverte ! Qu'est-ce que cela leur ferait ?

Plus de chance maintenant ! mon pourvoi sera rejeté, parce que tout est en règle ; les témoins ont bien témoigné, les plaideurs ont bien plaidé, les juges ont bien jugé. Je n'y compte pas, à moins que... Non, folie ! plus d'espérance ! Le pourvoi, c'est une corde qui vous tient suspendu au-dessus de l'abîme, et qu'on entend craquer à chaque instant, jusqu'à ce qu'elle se casse. C'est comme si le couteau de la guillotine mettait six semaines à tomber.

Si j'avais ma grâce ? — Avoir ma grâce ! Et par qui ? et pourquoi ? et comment ? Il est impossible qu'on me fasse grâce. L'exemple ! comme ils disent.

Je n'ai plus que trois pas à faire : Bicêtre, la Conciergerie, la Grève.

XVI

Pendant le peu d'heures que j'ai passées à l'infirmerie, je m'étais assis près d'une fenêtre, au soleil, — il avait reparu — ou du moins recevant du soleil tout ce que les grilles de la croisée m'en laissaient.

J'étais là, ma tête pesante et embrasée dans mes deux mains, qui en avaient plus qu'elles n'en pouvaient porter, mes coudes sur mes genoux, les pieds sur les barreaux de ma chaise, car l'abattement fait que je me courbe et me replie sur moi-même comme si je n'avais plus ni os dans les membres ni muscles dans la chair.

L'odeur étouffée de la prison me suffoquait plus que jamais, j'avais encore dans l'oreille tout ce bruit de chaînes des galériens, j'éprouvais une grande lassitude de Bicêtre. Il me semblait que le bon Dieu devrait bien avoir pitié de moi et m'envoyer au moins un petit oiseau pour chanter là, en face, au bord du toit.

Je ne sais si ce fut le bon Dieu ou le démon qui m'exauça ; mais presque au même moment j'entendis s'élever sous ma fenêtre une voix, non celle d'un oiseau, mais bien mieux : la voix pure, fraîche, veloutée d'une jeune fille de quinze ans. Je levai la tête comme en sursaut, j'écoutai avidement la chanson qu'elle chantait. C'était un air lent et langoureux, une espèce de roucoulement triste et lamentable ; voici les paroles :

> C'est dans la rue du Mail
> Où j'ai été coltigé,
> > Maluré,
> Par trois coquins de railles,
> > Lirlonfa malurette,
> Sur mes sique' ont foncé,
> > Lirlonfa maluré.

Je ne saurais dire combien fut amer mon désappointement. La voix continua :

> Sur mes sique' ont foncé,
> > Maluré.
> Ils m'ont mis la tartouve,
> > Lirlonfa malurette,
> Grand Meudon est aboulé,
> > Lirlonfa maluré.
> Dans mon trimin rencontre
> > Lirlonfa malurette,
> Un peigre du quartier,
> > Lirlonfa maluré.
>
> Un peigre du quartier.
> > Maluré.
> — Va-t'en dire à ma largue,

Lirlonfa malurette,
Que je suis enfourraillé,
Lirlonfa maluré.
Ma largue tout en colère,
Lirlonfa malurette ;
M'dit : Qu'as-tu donc morfillé ?
Lirlonfa maluré.

M'dit : Qu'as-tu donc morfillé ?
Maluré.
— J'ai fait suer un chêne,
Lirlonfa malurette,
Son auberg j'ai enganté,
Lirlonfa maluré,
Son auberg et sa toquante,
Lirlonfa nialurette,
Et ses attach's de cés,
Lirlonfa maluré.

Et ses attach's de cés,
Maluré.
Ma largu' part pour Versailles,
Lirlonfa malurette,
Aux pieds d'sa majesté,
Lirlonfa maluré.
Elle lui fonce un babillard,
Lirlonfa malurette,
Pour m'faire défourrailler,
Lirlonfa maluré.

Pour m' faire défourrailler,
Maluré.
— Ah ! si j'en défourraille,
Lirlonfa malurette,
Ma largue j'entiferai,
Lirlonfa maluré,
J'li ferai porter fontange,
Lirlonfa malurette,
Et souliers galuchés,
Lirlonfa maluré.

Et souliers galuchés,
      Maluré.
Mais grand dabe qui s'fâche,
      Lirlonfa malurette,
Dit : — Par mon caloquet,
      Lirlonfa maluré,
J'li ferai danser une danse,
      Lirlonfa malurette,
Où il n'y a pas de plancher,
      Lirlonfa maluré. –

Je n'en ai pas entendu et n'aurais pu en entendre davantage. Le sens à demi compris et à demi caché de cette horrible complainte, cette lutte du brigand avec le guet, ce voleur qu'il rencontre et qu'il dépêche à sa femme, cet épouvantable message : J'ai assassiné un homme et je suis arrêté, *j'ai fait suer un chêne et je suis enfourraillé* ; cette femme qui court à Versailles avec un placet, et cette *Majesté* qui s'indigne et menace le coupable de lui faire danser la *danse où il n'y a pas de plancher* ; et tout cela chanté sur l'air le plus doux et par la plus douce voix qui ait jamais endormi l'oreille humaine !... J'en suis resté navré, glacé, anéanti. C'était une chose repoussante que toutes ces monstrueuses paroles sortant de cette bouche vermeille et fraîche. On eût dit la bave d'une limace sur une rose.

Je ne saurais rendre ce que j'éprouvais ; j'étais à la fois blessé et caressé. Le patois de la caverne et du bagne, cette langue ensanglantée et grotesque, ce hideux argot marié à une voix de jeune fille, gracieuse transition de la voix d'enfant à la voix de femme ! tous ces mots difformes et mal faits, chantés, cadencés, perlés.

Ah ! qu'une prison est quelque chose d'infâme ! il y a un venin qui y salit tout. Tout s'y flétrit, même la chanson d'une fille de quinze ans ! Vous y trouvez un oiseau, il a de la boue sur son aile ; vous y cueillez une jolie fleur, vous la respirez : elle pue.

XVII

Oh ! si je m'évadais, comme je courrais à travers champs !

Non, il ne faudrait pas courir. Cela fait regarder et soupçonner. Au contraire, marcher lentement, tête levée, en chantant. Tâcher d'avoir quelque vieux sarrau bleu à dessins rouges. Cela déguise bien. Tous les maraîchers des environs en portent.

Je sais auprès d'Arcueil un fourré d'arbres à côté d'un marais, où, étant au collège, je venais avec mes camarades pêcher des grenouilles tous les jeudis. C'est là que je me cacherais jusqu'au soir.

La nuit tombée, je reprendrais ma course. J'irais à Vincennes. Non, la rivière m'empêcherait. J'irais à Arpajon. — Il aurait mieux valu prendre du côté de Saint-Germain, et aller au Havre, et m'embarquer pour l'Angleterre. — N'importe ! j'arrive à Longjumeau. Un gendarme passe ; il me demande mon passeport... Je suis perdu !

Ah ! malheureux rêveur, brise donc d'abord le mur épais de trois pieds qui t'emprisonne ! La mort ! la mort !

Quand je pense que je suis venu tout enfant, ici, à Bicêtre, voir le grand puits et les fous !

XVIII

Pendant que j'écrivais tout ceci, la lampe a pâli, le jour est venu, l'horloge de la chapelle a sonné six heures.

Qu'est-ce que cela veut dire ? Le guichetier de garde vient d'entrer dans mon cachot, il a ôté sa casquette, m'a salué, s'est excusé de me déranger, et m'a demandé, en adoucissant de son mieux sa rude voix, ce que je désirais à déjeuner ?...

Il m'a pris un frisson. — Est-ce que ce serait pour aujourd'hui ?

XIX

C'est pour aujourd'hui !

Le directeur de la prison lui-même vient de me rendre visite. Il m'a demandé en quoi il pourrait m'être agréable ou utile, a exprimé le désir que je n'eusse pas à me plaindre de lui ou de ses subordonnés, s'est informé avec intérêt de ma santé et de la façon dont j'avais passé la nuit ; en me quittant, il m'a appelé *monsieur* !

C'est pour aujourd'hui !

XX

Il ne croit pas, ce geôlier, que j'aie à me plaindre de lui et de ses sous-geôliers. Il a raison. Ce serait mal à moi de me plaindre ; ils ont fait leur métier, ils m'ont bien gardé ; et puis ils ont été polis à l'arrivée et au départ. Ne dois-je pas être content ?

Ce bon geôlier, avec son sourire bénin, ses paroles caressantes, son œil qui flatte et qui espionne, ses grosses et larges mains, c'est la prison incarnée, c'est Bicêtre qui s'est fait homme. Tout est prison autour de moi ; je retrouve la prison sous toutes les formes, sous la forme humaine comme sous la forme de grille ou de verrou. Ce mur, c'est de la

prison en pierre ; cette porte, c'est de la prison en
bois ; ces guichetiers, c'est de la prison en chair et
en os. La prison est une espèce d'être horrible,
complet, indivisible, moitié maison, moitié homme.
Je suis sa proie ; elle me couve, elle m'enlace de
tous ses replis. Elle m'enferme dans ses murailles
de granit, me cadenasse sous ses serrures de fer, et
me surveille avec ses yeux de geôlier.

Ah ! misérable ! que vais-je devenir ? qu'est-ce
qu'ils vont faire de moi ?

XXI

Je suis calme maintenant. Tout est fini, bien fini.
Je suis sorti de l'horrible anxiété où m'avait jeté
la visite du directeur. Car, je l'avoue, j'espérais
encore. Maintenant, Dieu merci, je n'espère plus.

Voici ce qui vient de se passer :

Au moment où six heures et demie sonnaient,
— non, c'était l'avant-quart, — la porte de mon
cachot s'est rouverte. Un vieillard à tête blanche,
vêtu d'une redingote brune, est entré. Il a entrouvert
sa redingote. J'ai vu une soutane, un rabat. C'était
un prêtre.

Ce prêtre n'était pas l'aumônier de la prison. Cela
était sinistre.

Il s'est assis en face de moi avec un sourire
bienveillant ; puis a secoué la tête et levé les yeux
au ciel, c'est-à-dire à la voûte du cachot. Je l'ai
compris.

— Mon fils, m'a-t-il dit, êtes-vous préparé ?

Je lui ai répondu d'une voix faible :

— Je ne suis pas préparé, mais je suis prêt.

Cependant ma vue s'est troublée, une sueur glacée est sortie à la fois de tous mes membres, j'ai

senti mes tempes se gonfler, et j'avais les oreilles pleines de bourdonnements.

Pendant que je vacillais sur ma chaise comme endormi, le bon vieillard parlait. C'est du moins ce qu'il m'a semblé, et je crois me souvenir que j'ai vu ses lèvres remuer, ses mains s'agiter, ses yeux reluire.

La porte s'est rouverte une seconde fois. Le bruit des verrous nous a arrachés, moi à ma stupeur, lui à son discours. Une espèce de monsieur en habit noir, accompagné du directeur de la prison, s'est présenté, et m'a salué profondément. Cet homme avait sur le visage quelque chose de la tristesse officielle des employés des pompes funèbres. Il tenait un rouleau de papier à la main.

— Monsieur, m'a-t-il dit avec un sourire de courtoisie, je suis huissier près de la cour royale de Paris. J'ai l'honneur de vous apporter un message de la part de monsieur le procureur général.

La première secousse était passée. Toute ma présence d'esprit m'était revenue.

— C'est monsieur le procureur général, lui ai-je répondu, qui a demandé si instamment ma tête ? Bien de l'honneur pour moi qu'il m'écrive. J'espère que ma mort lui va faire grand plaisir ? car il me serait dur de penser qu'il l'a sollicitée avec tant d'ardeur et qu'elle lui était indifférente.

J'ai dit tout cela, et j'ai repris d'une voix ferme :

— Lisez, monsieur !

Il s'est mis à me lire un long texte, en chantant à la fin de chaque ligne et en hésitant au milieu de chaque mot. C'était le rejet de mon pourvoi.

— L'arrêt sera exécuté aujourd'hui en place de Grève, a-t-il ajouté quand il a eu terminé, sans lever les yeux de dessus son papier timbré. Nous partons à sept heures et demie précises pour la Conciergerie.

Mon cher monsieur, aurez-vous l'extrême bonté de me suivre ?

Depuis quelques instants je ne l'écoutais plus. Le directeur causait avec le prêtre ; lui, avait l'œil fixé sur son papier ; je regardais la porte, qui était restée entrouverte...

— Ah ! misérable ! quatre fusiliers dans le corridor !

L'huissier a répété sa question, en me regardant cette fois.

— Quand vous voudrez, lui ai-je répondu. À votre aise !

Il m'a salué en disant :

— J'aurai l'honneur de venir vous chercher dans une demi-heure.

Alors ils m'ont laissé seul.

Un moyen de fuir, mon Dieu ! un moyen quelconque ! Il faut que je m'évade ! il le faut ! sur-le-champ ! par les portes, par les fenêtres, par la charpente du toit ! quand même je devrais laisser de ma chair après les poutres !

Ô rage ! démons ! malédiction ! Il faudrait des mois pour percer ce mur avec de bons outils, et je n'ai ni un clou, ni une heure !

XXII

De la Conciergerie.

Me voici *transféré*, comme dit le procès-verbal. Mais le voyage vaut la peine d'être conté.

Sept heures et demie sonnaient lorsque l'huissier s'est présenté de nouveau au seuil de mon cachot. — Monsieur, m'a-t-il dit, je vous attends. — Hélas lui et d'autres !

Je me suis levé, j'ai fait un pas ; il m'a semblé que je n'en pourrais faire un second, tant ma tête était lourde et mes jambes faibles. Cependant je me suis remis et j'ai continué d'une allure assez ferme. Avant de sortir du cabanon, j'y ai promené un dernier coup d'œil. — Je l'aimais, mon cachot. — Puis, je l'ai laissé vide et ouvert ; ce qui donne à un cachot un air singulier.

Au reste, il ne le sera pas longtemps. Ce soir on y attend quelqu'un, disaient les porte-clefs, un condamné que la cour d'assises est en train de faire à l'heure qu'il est.

Au détour du corridor, l'aumônier nous a rejoints. Il venait de déjeuner.

Au sortir de la geôle, le directeur m'a pris affectueusement la main, et a renforcé mon escorte de quatre vétérans.

Devant la porte de l'infirmerie, un vieillard moribond m'a crié : Au revoir !

Nous sommes arrivés dans la cour. J'ai respiré ; cela m'a fait du bien.

Nous n'avons pas marché longtemps à l'air. Une voiture attelée de chevaux de poste stationnait dans la première cour ; c'est la même voiture qui m'avait amené : une espèce de cabriolet oblong, divisé en deux sections par une grille transversale de fil de fer si épaisse qu'on la dirait tricotée. Les deux sections ont chacune une porte, l'une devant, l'autre derrière la carriole. Le tout si sale, si noir, si poudreux, que le corbillard des pauvres est un carrosse du sacre en comparaison.

Avant de m'ensevelir dans cette tombe à deux roues, j'ai jeté un regard dans la cour, un de ces regards désespérés devant lesquels il semble que les murs devraient crouler. La cour, espèce de petite

place plantée d'arbres, était plus encombrée encore
de spectateurs que pour les galériens. Déjà la foule !

Comme le jour du départ de la chaîne, il tombait
une pluie de la saison, une pluie fine et glacée qui
tombe encore à l'heure où j'écris, qui tombera sans
doute toute la journée, qui durera plus que moi.

Les chemins étaient effondrés, la cour pleine de
fange et d'eau. J'ai eu plaisir à voir cette foule dans
cette boue.

Nous sommes montés, l'huissier et un gendarme,
dans le compartiment de devant ; le prêtre, moi et
un gendarme dans l'autre. Quatre gendarmes à cheval autour de la voiture. Ainsi, sans le postillon, huit
hommes pour un homme.

Pendant que je montais, il y avait une vieille aux
yeux gris qui disait : — J'aime encore mieux cela
que la chaîne.

Je conçois. C'est un spectacle qu'on embrasse
plus aisément d'un coup d'œil, c'est plus tôt vu.
C'est tout aussi beau et plus commode. Rien ne vous
distrait. Il n'y a qu'un homme, et sur cet homme
seul autant de misère que sur tous les forçats à la
fois. Seulement cela est moins éparpillé ; c'est une
liqueur concentrée, bien plus savoureuse.

La voiture s'est ébranlée. Elle a fait un bruit
sourd en passant sous la voûte de la grande porte,
puis a débouché dans l'avenue, et les lourds battants
de Bicêtre se sont refermés derrière elle. Je me
sentais emporté avec stupeur, comme un homme
tombé en léthargie qui ne peut ni remuer ni crier et
qui entend qu'on l'enterre. J'écoutais vaguement les
paquets de sonnettes pendus au cou des chevaux de
poste sonner en cadence et comme par hoquets, les
roues ferrées bruire sur le pavé ou cogner la caisse
en changeant d'ornière, le galop sonore des gendarmes autour de la carriole, le fouet claquant du

postillon. Tout cela me semblait comme un tourbillon qui m'emportait.

À travers le grillage d'un judas percé en face de moi, mes yeux s'étaient fixés machinalement sur l'inscription gravée en grosses lettres au-dessus de la grande porte de Bicêtre : HOSPICE DE LA VIEILLESSE.

— Tiens, me disais-je, il paraît qu'il y a des gens qui vieillissent, là.

Et, comme on fait entre la veille et le sommeil, je retournais cette idée en tous sens dans mon esprit engourdi de douleur. Tout à coup la carriole, en passant de l'avenue dans la grande route, a changé le point de vue de la lucarne. Les tours de Notre-Dame sont venues s'y encadrer, bleues et à demi effacées dans la brume de Paris. Sur-le-champ le point de vue de mon esprit a changé aussi. J'étais devenu machine comme la voiture. À l'idée de Bicêtre a succédé l'idée des tours de Notre-Dame.

— Ceux qui seront sur la tour où est le drapeau verront bien, me suis-je dit en souriant stupidement.

Je crois que c'est à ce moment-là que le prêtre s'est remis à me parler. Je l'ai laissé dire patiemment. J'avais déjà dans l'oreille le bruit des roues, le galop des chevaux, le fouet du postillon. C'était un bruit de plus.

J'écoutais en silence cette chute de paroles monotones qui assoupissaient ma pensée comme le murmure d'une fontaine, et qui passaient devant moi, toujours diverses et toujours les mêmes, comme les ormeaux tortus de la grande route, lorsque la voix brève et saccadée de l'huissier, placé sur le devant, est venue subitement me secouer.

— Eh bien ! monsieur l'abbé, disait-il avec un accent presque gai, qu'est-ce que vous savez de nouveau ?

C'est vers le prêtre qu'il se retournait en parlant ainsi.

L'aumônier, qui me parlait sans relâche, et que la voiture assourdissait, n'a pas répondu.

— Hé ! hé ! a repris l'huissier en haussant la voix pour avoir le dessus sur le bruit des roues ; infernale voiture !

Infernale ! En effet.

Il a continué.

— Sans doute, c'est le cahot ; on ne s'entend pas. Qu'est-ce que je voulais donc dire ? Faites-moi le plaisir de m'apprendre ce que je voulais dire, monsieur l'abbé ? — Ah ! savez-vous la grande nouvelle de Paris, aujourd'hui ?

J'ai tressailli, comme s'il parlait de moi.

— Non, a dit le prêtre, qui avait enfin entendu, je n'ai pas eu le temps de lire les journaux ce matin. Je verrai cela ce soir. Quand je suis occupé comme cela toute la journée, je recommande au portier de me garder mes journaux, et je les lis en rentrant.

— Bah ! a repris l'huissier, il est impossible que vous ne sachiez pas cela. La nouvelle de Paris ! La nouvelle de ce matin !

J'ai pris la parole : — Je crois la savoir.

L'huissier m'a regardé.

— Vous ! vraiment ! En ce cas, qu'en dites-vous ?

— Vous êtes curieux ! lui ai-je dit.

— Pourquoi, monsieur ? a répliqué l'huissier. Chacun a son opinion politique. Je vous estime trop pour croire que vous n'avez pas la vôtre. Quant à moi, je suis tout à fait d'avis du rétablissement de la garde nationale. J'étais sergent de ma compagnie, et, ma foi, c'était fort agréable.

Je l'ai interrompu.

— Je ne croyais pas que ce fût de cela qu'il s'agissait.

— Et de quoi donc ? vous disiez savoir la nouvelle...

— Je parlais d'une autre, dont Paris s'occupe aussi aujourd'hui.

L'imbécile n'a pas compris ; sa curiosité s'est éveillée.

— Une autre nouvelle ? Où diable avez-vous pu apprendre des nouvelles ? Laquelle, de grâce, mon cher monsieur ? Savez-vous ce que c'est, monsieur l'abbé ? êtes-vous plus au courant que moi ? Mettez-moi au fait, je vous prie. De quoi s'agit-il ? — Voyez-vous, j'aime les nouvelles. Je les conte à monsieur le président, et cela l'amuse.

Et mille billevesées. Il se tournait tour à tour vers le prêtre et vers moi, et je ne répondais qu'en haussant les épaules.

— Eh bien ! m'a-t-il dit, à quoi pensez-vous donc ?

— Je pense, ai-je répondu, que je ne penserai plus ce soir.

— Ah ! c'est cela ! a-t-il répliqué. Allons, vous êtes trop triste ! M. Castaing causait.

Puis, après un silence :

— J'ai conduit M. Papavoine ; il avait sa casquette de loutre et fumait son cigare. Quant aux jeunes gens de La Rochelle, ils ne parlaient qu'entre eux. Mais ils parlaient.

Il a fait encore une pause, et a poursuivi :

— Des fous ! des enthousiastes ! Ils avaient l'air de mépriser tout le monde. Pour ce qui est de vous, je vous trouve bien pensif, jeune homme.

— Jeune homme ! lui ai-je dit, je suis plus vieux que vous ; chaque quart d'heure qui s'écoule me vieillit d'une année.

Il s'est retourné, m'a regardé quelques minutes

avec un étonnement inepte, puis s'est mis à ricaner lourdement.

— Allons, vous voulez rire, plus vieux que moi ! je serais votre grand-père.

— Je ne veux pas rire, lui ai-je répondu gravement.

Il a ouvert sa tabatière.

— Tenez, cher monsieur, ne vous fâchez pas ; une prise de tabac, et ne me gardez pas rancune.

— N'ayez pas peur ; je n'aurai pas longtemps à vous la garder.

En ce moment sa tabatière, qu'il me tendait, a rencontré le grillage qui nous séparait. Un cahot a fait qu'elle l'a heurté assez violemment et est tombée tout ouverte sous les pieds du gendarme.

— Maudit grillage ! s'est écrié l'huissier.

Il s'est tourné vers moi.

— Eh bien ! ne suis-je pas malheureux ? tout mon tabac est perdu !

— Je perds plus que vous, ai-je répondu en souriant.

Il a essayé de ramasser son tabac, en grommelant entre ses dents :

— Plus que moi ! cela est facile à dire. Pas de tabac jusqu'à Paris ! c'est terrible !

L'aumônier alors lui a adressé quelques paroles de consolation, et je ne sais si j'étais préoccupé, mais il m'a semblé que c'était la suite de l'exhortation dont j'avais eu le commencement. Peu à peu la conversation s'est engagée entre le prêtre et l'huissier ; je les ai laissés parler de leur côté, et je me suis mis à penser du mien.

En abordant la barrière, j'étais toujours préoccupé sans doute, mais Paris m'a paru faire un plus grand bruit qu'à l'ordinaire.

La voiture s'est arrêtée un moment devant

l'octroi. Les douaniers de ville l'ont inspectée. Si c'eût été un mouton ou un bœuf qu'on eût mené à la boucherie, il aurait fallu leur jeter une bourse d'argent ; mais une tête humaine ne paye pas de droit. Nous avons passé.

Le boulevard franchi, la carriole s'est enfoncée au grand trot dans ces vieilles rues tortueuses du faubourg Saint-Marceau et de la Cité, qui serpentent et s'entrecoupent comme les mille chemins d'une fourmilière. Sur le pavé de ces rues étroites le roulement de la voiture est devenu si bruyant et si rapide, que je n'entendais plus rien du bruit extérieur. Quand je jetais les yeux par la petite lucarne carrée, il me semblait que le flot des passants s'arrêtait pour regarder la voiture, et que des bandes d'enfants couraient sur sa trace. Il m'a semblé aussi voir de temps en temps dans les carrefours çà et là un homme ou une vieille en haillons, quelquefois les deux ensemble, tenant en main une liasse de feuilles imprimées que les passants se disputaient, en ouvrant la bouche comme pour un grand cri.

Huit heures et demie sonnaient à l'horloge du Palais au moment où nous sommes arrivés dans la cour de la Conciergerie. La vue de ce grand escalier, de cette noire chapelle, de ces guichets sinistres, m'a glacé. Quand la voiture s'est arrêtée, j'ai cru que les battements de mon cœur allaient s'arrêter aussi.

J'ai recueilli mes forces ; la porte s'est ouverte avec la rapidité de l'éclair ; j'ai sauté à bas du cachot roulant, et je me suis enfoncé à grands pas sous la voûte entre deux haies de soldats. Il s'était déjà formé une foule sur mon passage.

XXIII

Tant que j'ai marché dans les galeries publiques du Palais de Justice, je me suis senti presque libre et à l'aise ; mais toute ma résolution m'a abandonné quand on a ouvert devant moi des portes basses, des escaliers secrets, des couloirs intérieurs, de longs corridors étouffés, où il n'entre que ceux qui condamnent ou ceux qui sont condamnés.

L'huissier m'accompagnait toujours. Le prêtre m'avait quitté pour revenir dans deux heures : il avait ses affaires.

On m'a conduit au cabinet du directeur, entre les mains duquel l'huissier m'a remis. C'était un échange. Le directeur l'a prié d'attendre un instant, lui annonçant qu'il allait avoir du *gibier* à lui remettre, afin qu'il le conduisît sur-le-champ à Bicêtre par le retour de la carriole. Sans doute le condamné d'aujourd'hui, celui qui doit coucher ce soir sur la botte de paille que je n'ai pas eu le temps d'user.

— C'est bon, a dit l'huissier au directeur, je vais attendre un moment ; nous ferons les deux procès-verbaux à la fois, cela s'arrange bien.

En attendant, on m'a déposé dans un petit cabinet attenant à celui du directeur. Là, on m'a laissé seul, bien verrouillé.

Je ne sais à quoi je pensais, ni depuis combien de temps j'étais là, quand un brusque et violent éclat de rire à mon oreille m'a réveillé de ma rêverie.

J'ai levé les yeux en tressaillant. Je n'étais plus seul dans la cellule. Un homme s'y trouvait avec moi, un homme d'environ cinquante-cinq ans, de moyenne taille ; ridé, voûté, grisonnant ; à membres trapus ; avec un regard louche dans des yeux gris, un rire amer sur le visage ; sale, en guenilles, demi nu, repoussant à voir.

Il paraît que la porte s'était ouverte, l'avait vomi, puis s'était refermée sans que je m'en fusse aperçu. Si la mort pouvait venir ainsi !

Nous nous sommes regardés quelques secondes fixement, l'homme et moi ; lui, prolongeant son rire qui ressemblait à un râle ; moi demi étonné, demi effrayé.

— Qui êtes-vous ? lui ai-je dit enfin.

— Drôle de demande ! a-t-il répondu. Un friauche.

— Un friauche ! Qu'est-ce que cela veut dire ? Cette question a redoublé sa gaieté.

— Cela veut dire, s'est-il écrié au milieu d'un éclat de rire, que le taule jouera au panier avec ma sorbonne dans six semaines, comme il va faire avec ta tronche dans six heures. — Ha ! ha ! il paraît que tu comprends maintenant.

En effet, j'étais pâle, et mes cheveux se dressaient. C'était l'autre condamné, le condamné du jour, celui qu'on attendait à Bicêtre, mon héritier.

Il a continué :

— Que veux-tu ? voilà mon histoire à moi. Je suis fils d'un bon peigre ; c'est dommage que Charlot ait pris la peine de lui attacher sa cravate*.

---

* Cravate : corde. Charlot : le bourreau. Mes louches : mes mains. Une fouillouse : une poche. Je filais une pelure : je volais un manteau. Un marlou : un filou. Un grinche : un voleur. Je forçais une boutanche, je faussais une tournante : je forçais une boutique, je faussais une clef. Dans la petite marine : aux galères. Une serpillière de ratichon : une soutane d'abbé. Tapiquer : habiter. Cheval de retour : ramené au bagne. Les bonnets verts : les condamnés à perpétuité. Leur coire : leur chef. On faisait la grande soulasse sur le trimar : on assassinait sur les grands chemins. Les marchands de lacets : les gendarmes. Fanandels : camarades. Le faucheur : le bourreau. A épousé la veuve : a été pendu. L'abbaye de Mont'-à-regret : la guillotine. Le sinvre devant la carline : le poltron devant la mort. La placarde : place de Grève. Vousailles : vous. Le sanglier : le prêtre.

C'était quand régnait la potence, par la grâce de Dieu. À six ans, je n'avais plus ni père ni mère ; l'été, je faisais la roue dans la poussière au bord des routes, pour qu'on me jetât un sou par la portière des chaises de poste ; l'hiver, j'allais pieds nus dans la boue en soufflant dans mes doigts tout rouges ; on voyait mes cuisses à travers mon pantalon. À neuf ans, j'ai commencé à me servir de mes louches, de temps en temps je vidais une fouillouse, je filais une pelure ; à dix ans, j'étais un marlou. Puis j'ai fait des connaissances ; à dix-sept, j'étais un grinche. Je forçais une boutanche, je faussais une tournante. On m'a pris. J'avais l'âge, on m'a envoyé ramer dans la petite marine. Le bagne, c'est dur ; coucher sur une planche, boire de l'eau claire, manger du pain noir, traîner un imbécile de boulet qui ne sert à rien ; des coups de bâton et des coups de soleil. Avec cela on est tondu, et moi qui avais de beaux cheveux châtains ! N'importe !... j'ai fait mon temps. Quinze ans, cela s'arrache ! J'avais trente-deux ans. Un beau matin on me donna une feuille de route et soixante-six francs que je m'étais amassés dans mes quinze ans de galères, en travaillant seize heures par jour, trente jours par mois, et douze mois par année. C'est égal, je voulais être honnête homme avec mes soixante-six francs, et j'avais de plus beaux sentiments sous mes guenilles qu'il n'y en a sous une serpillière de ratichon. Mais que les diables soient avec le passeport ! il était jaune, et on avait écrit dessus *forçat libéré*. Il fallait montrer cela partout où je passais et le présenter tous les huit jours au maire du village où l'on me forçait de tapiquer. La belle recommandation ! un galérien ! Je faisais peur, et les petits enfants se sauvaient, et l'on fermait les portes. Personne ne voulait me donner d'ouvrage. Je mangeai mes soixante-six francs. Et puis, il fallut vivre. Je montrai mes bras bons au travail, on ferma les portes. J'offris ma journée pour quinze sous, pour dix sous, pour cinq sous. Point. Que faire ? Un jour, j'avais faim. Je donnai un coup de coude dans le carreau d'un boulanger ; j'empoignai un pain, et le boulanger m'empoigna ; je ne mangeai pas le pain ; et j'eus les galères à perpétuité, avec trois lettres de feu sur l'épaule. – Je te montrerai, si tu veux. – On appelle cette justice-là *la récidive*. Me voilà donc cheval de retour. On me remit à Toulon ; cette fois avec les bonnets verts. Il fallait m'évader. Pour cela, je n'avais que trois murs à percer, deux chaînes à couper, et j'avais un clou. Je m'évadai. On tira le canon d'alerte ; car, nous autres, nous sommes comme les cardinaux de Rome, habillés de rouge, et on tire le canon quand nous partons. Leur poudre alla aux moineaux. Cette fois, pas de passeport jaune, mais pas d'argent non plus. Je rencontrai des camarades qui avaient aussi fait leur temps ou cassé leur ficelle. Leur coffre me proposa d'être des leurs, on faisait la grande soulasse sur le trimar. J'acceptai, et je me mis à tuer pour vivre. C'était tantôt une diligence, tantôt une chaise de poste, tantôt un marchand de bœufs à cheval. On prenait l'argent, on laissait aller au hasard la bête ou la voiture, et l'on enterrait l'homme sous un arbre, en ayant soin que les pieds ne sortissent pas ; et puis on dansait sur la fosse, pour que la terre ne parût pas fraîchement remuée. J'ai vieilli comme cela, gîtant dans les broussailles, dormant aux belles étoiles, traqué de bois en bois, mais du moins libre et à moi. Tout a une fin, et autant celle-là qu'une autre. Les marchands de lacets, une belle nuit, nous ont pris au collet. Mes fanandels se sont sauvés ; mais moi, le plus vieux, je suis resté sous la griffe de ces chats à chapeaux galonnés. On m'a amené ici. J'avais déjà passé tous les échelons de l'échelle, excepté un. Avoir volé un mouchoir ou tué un homme, c'était tout un pour moi désormais ; il y avait encore une récidive à m'appliquer. Je n'avais plus qu'à passer par le faucheur. Mon affaire a été courte. Ma foi, je commençais à vieillir et à n'être plus bon à rien. Mon père a épousé la veuve, moi je me retire à l'abbaye de Mont'-à-Regret. — Voilà, camarade.

J'étais resté stupide en l'écoutant. Il s'est remis à rire plus haut encore qu'en commençant, et a voulu me prendre la main. J'ai reculé avec horreur.

— L'ami, m'a-t-il dit, tu n'as pas l'air brave. Ne va pas faire le sinvre devant la carline. Vois-tu, il y a un mauvais moment à passer sur la placarde ; mais cela est sitôt fait ! Je voudrais être là pour te montrer la culbute. Mille dieux ! j'ai envie de ne pas me pourvoir, si l'on veut me faucher aujourd'hui avec toi. Le même prêtre nous servira à tous deux ; ça m'est égal d'avoir tes restes. Tu vois que je suis un bon garçon. Hein ! dis, veux-tu ? d'amitié !

Il a encore fait un pas pour s'approcher de moi.

— Monsieur, lui ai-je répondu en le repoussant, je vous remercie.

Nouveaux éclats de rire à ma réponse.

— Ah ! ah ! monsieur, vousailles êtes un marquis ! c'est un marquis !

Je l'ai interrompu :

— Mon ami, j'ai besoin de me recueillir, laissez-moi.

La gravité de ma parole l'a rendu pensif tout à coup. Il a remué sa tête grise et presque chauve ; puis, creusant avec ses ongles sa poitrine velue, qui s'offrait nue sous sa chemise ouverte :

— Je comprends, a-t-il murmuré entre ses dents ; au fait, le sanglier !...

Puis, après quelques minutes de silence :

— Tenez, m'a-t-il dit presque timidement, vous êtes un marquis, c'est fort bien ; mais vous avez là une belle redingote qui ne vous servira plus à grand-chose ! le taule la prendra. Donnez-la-moi, je la vendrai pour avoir du tabac.

J'ai ôté ma redingote et je la lui ai donnée. Il s'est mis à battre des mains avec une joie d'enfant. Puis, voyant que j'étais en chemise et que je grelottais :

— Vous avez froid, monsieur, mettez ceci ; il pleut, et vous seriez mouillé ; et puis il faut être décemment, sur la charrette.

En parlant ainsi, il ôtait sa grosse veste de laine grise et la passait dans mes bras. Je le laissais faire.

Alors j'ai été m'appuyer contre le mur, et je ne saurais dire quel effet me faisait cet homme. Il s'était mis à examiner la redingote que je lui avais donnée, et poussait à chaque instant des cris de joie.

— Les poches sont toutes neuves ! le collet n'est pas usé ! — j'en aurai au moins quinze francs. — Quel bonheur ! du tabac pour mes six semaines !

La porte s'est rouverte. On venait nous chercher tous deux ; moi, pour me conduire à la chambre où les condamnés attendent l'heure ; lui, pour le mener à Bicêtre. Il s'est placé en riant au milieu du piquet qui devait l'emmener, et il disait aux gendarmes :

— Ah çà ! ne vous trompez pas ; nous avons changé de pelure, monsieur et moi ; mais ne me prenez pas à sa place. Diable ! cela ne m'arrangerait pas, maintenant que j'ai de quoi avoir du tabac !

XXIV

Ce vieux scélérat, il m'a pris ma redingote, car je ne la lui ai pas donnée, et puis il m'a laissé cette guenille, sa veste infâme. De qui vais-je avoir l'air ?

Je ne lui ai pas laissé prendre ma redingote par insouciance ou par charité. Non ; mais parce qu'il était plus fort que moi. Si j'avais refusé, il m'aurait battu avec ses gros poings.

Ah bien oui, charité ! j'étais plein de mauvais sentiments. J'aurais voulu pouvoir l'étrangler de mes mains, le vieux voleur ! pouvoir le piler sous mes pieds !

Je me sens le cœur plein de rage et d'amertume. Je crois que la poche au fiel a crevé. La mort rend méchant.

XXV

Ils m'ont amené dans une cellule où il n'y a que les quatre murs, avec beaucoup de barreaux à la fenêtre et beaucoup de verrous à la porte, cela va sans dire.

J'ai demandé une table, une chaise, et ce qu'il faut pour écrire. On m'a apporté tout cela.

Puis j'ai demandé un lit. Le guichetier m'a regardé de ce regard étonné qui semble dire : — À quoi bon ?

Cependant ils ont dressé un lit de sangle dans le coin. Mais en même temps un gendarme est venu s'installer dans ce qu'ils appellent *ma chambre*. Est-ce qu'ils ont peur que je ne m'étrangle avec le matelas ?

XXVI

Il est dix heures.

Ô ma pauvre petite fille ! encore six heures ; et je serai mort ! je serai quelque chose d'immonde qui traînera sur la table froide des amphithéâtres ; une tête qu'on moulera d'un côté, un tronc qu'on disséquera de l'autre ; puis de ce qui restera, on en mettra plein une bière, et le tout ira à Clamart.

Voilà ce qu'ils vont faire de ton père, ces hommes dont aucun ne me hait, qui tous me plaignent et tous pourraient me sauver. Ils vont me tuer. Comprends-tu cela, Marie ? me tuer de sang-froid, en cérémonie, pour le bien de la chose ! Ah ! grand Dieu !

Pauvre petite ! ton père qui t'aimait tant, ton père qui baisait ton petit cou blanc et parfumé, qui passait la main sans cesse dans les boucles de tes cheveux comme sur de la soie, qui prenait ton joli visage rond dans sa main, qui te faisait sauter sur ses genoux, et le soir joignait tes deux mains pour prier Dieu !

Qui est-ce qui te fera tout cela maintenant ? Qui est-ce qui t'aimera ? Tous les enfants de ton âge auront des pères, excepté toi. Comment te déshabitueras-tu, mon enfant, du jour de l'an, des étrennes, des beaux joujoux, des bonbons et des baisers ? – Comment te déshabitueras-tu, malheureuse orpheline, de boire et de manger ?

Oh ! si ces jurés l'avaient vue, au moins, ma jolie petite Marie ! ils auraient compris qu'il ne faut pas tuer le père d'un enfant de trois ans.

Et quand elle sera grande, si elle va jusque-là, que deviendra-t-elle ? Son père sera un des souvenirs du peuple de Paris. Elle rougira de moi et de mon nom : elle sera méprisée, repoussée, vile à cause de moi, de moi qui l'aime de toutes les tendresses de mon cœur. Ô ma petite Marie bien-aimée ! Est-il bien vrai que tu auras honte et horreur de moi ?

Misérable ! quel crime j'ai commis, et quel crime je fais commettre à la société !

Oh ! est-il bien vrai que je vais mourir avant la fin du jour ? Est-il bien vrai que c'est moi ? Ce bruit sourd de cris que j'entends au-dehors, ce flot de peuple joyeux qui déjà se hâte sur les quais, ces gendarmes qui s'apprêtent dans leurs casernes, ce prêtre en robe noire, cet autre homme aux mains rouges, c'est pour moi ! c'est moi qui vais mourir ! moi, le même qui est ici, qui vit, qui se meut, qui respire, qui est assis à cette table, laquelle ressemble à une autre table, et pourrait aussi bien être ailleurs ; moi, enfin, ce moi que je touche et que je sens, et dont le vêtement fait les plis que voilà !

XXVII

Encore si je savais comment cela est fait, et de quelle façon on meurt là-dessus ! mais c'est horrible, je ne le sais pas.

Le nom de la chose est effroyable, et je ne comprends point comment j'ai pu jusqu'à présent l'écrire et le prononcer.

La combinaison de ces dix lettres, leur aspect, leur physionomie est bien faite pour réveiller une idée épouvantable, et le médecin de malheur qui a inventé la chose avait un nom prédestiné.

L'image que j'y attache, à ce mot hideux, est vague, indéterminée, et d'autant plus sinistre. Chaque syllabe est comme une pièce de la machine.

J'en construis et j'en démolis sans cesse dans mon esprit la monstrueuse charpente.

Je n'ose faire une question là-dessus, mais il est affreux de ne savoir ce que c'est, ni comment s'y prendre. Il paraît qu'il y a une bascule et qu'on vous couche sur le ventre... — Ah ! mes cheveux blanchiront avant que ma tête ne tombe !

XXVIII

Je l'ai cependant entrevue une fois.

Je passais sur la place de Grève, en voiture, un jour vers onze heures du matin. Tout à coup la voiture s'arrêta.

Il y avait foule sur la place. Je mis la tête à la portière. Une populace encombrait la Grève et le quai, et des femmes, des hommes, des enfants étaient debout sur le parapet. Au-dessus des têtes, on voyait une espèce d'estrade en bois rouge que trois hommes échafaudaient.

Un condamné devait être exécuté le jour même, et l'on bâtissait la machine.

Je détournai la tête avant d'avoir vu. À côté de la voiture, il y avait une femme qui disait à un enfant :

— Tiens, regarde ! le couteau coule mal, ils vont graisser la rainure avec un bout de chandelle.

C'est probablement là qu'ils en sont aujourd'hui. Onze heures viennent de sonner. Ils graissent sans doute la rainure.

Ah ! cette fois, malheureux, je ne détournerai pas la tête.

XXIX

Ô ma grâce ! ma grâce ! on me fera peut-être grâce. Le roi ne m'en veut pas. Qu'on aille chercher mon avocat ! vite l'avocat ! Je veux bien des galères. Cinq ans de galères, et que tout soit dit, — ou vingt ans, — ou à perpétuité avec le fer rouge. Mais grâce de la vie !

Un forçat, cela marche encore, cela va et vient, cela voit le soleil.

XXX

Le prêtre est revenu.

Il a des cheveux blancs, l'air très doux, une bonne et respectable figure ; c'est en effet un homme excellent et charitable. Ce matin, je l'ai vu vider sa bourse dans les mains des prisonniers. D'où vient que sa voix n'a rien qui émeuve et qui soit ému ? D'où vient qu'il ne m'a rien dit encore qui m'ait pris par l'intelligence ou par le cœur ?

Ce matin, j'étais égaré. J'ai à peine entendu ce qu'il m'a dit. Cependant ses paroles m'ont semblé inutiles, et je suis resté indifférent : elles ont glissé comme cette pluie froide sur cette vitre glacée.

Cependant, quand il est rentré tout à l'heure près de moi, sa vue m'a fait du bien. C'est parmi tous ces hommes le seul qui soit encore homme pour moi, me suis-je dit. Et il m'a pris une ardente soif de bonnes et consolantes paroles.

Nous nous sommes assis, lui sur la chaise, moi sur le lit. Il m'a dit : — Mon fils... — Ce mot m'a ouvert le cœur. Il a continué :

— Mon fils, croyez-vous en Dieu ?

— Oui, mon père, lui ai-je répondu.

— Croyez-vous en la sainte église catholique, apostolique et romaine ?

— Volontiers, lui ai-je dit.

— Mon fils, a-t-il repris, vous avez l'air de douter.

Alors il s'est mis à parler. Il a parlé longtemps ; il a dit beaucoup de paroles ; puis, quand il a cru avoir fini, il s'est levé et m'a regardé pour la première fois depuis le commencement de son discours, en m'interrogeant :

— Eh bien ?

Je proteste que je l'avais écouté avec avidité d'abord, puis avec attention, puis avec dévouement.

Je me suis levé aussi.

— Monsieur, lui ai-je répondu, laissez-moi seul, je vous prie.

Il m'a demandé :

— Quand reviendrai-je ?

— Je vous le ferai savoir.

Alors il est sorti sans colère, mais en hochant la tête, comme se disant à lui-même :

— Un impie !

Non, si bas que je sois tombé, je ne suis pas un impie, et Dieu m'est témoin que je crois en lui. Mais que m'a-t-il dit, ce vieillard ? rien de senti, rien d'attendri, rien de pleuré, rien d'arraché de l'âme, rien qui vînt de son cœur pour aller au mien, rien qui fût de lui à moi. Au contraire, je ne sais quoi de vague, d'inaccentué, d'applicable à tout et à tous ; emphatique où il eût été besoin de profondeur, plat où il eût fallu être simple ; une espèce de sermon sentimental et d'élégie théologique. Çà et là, une citation latine en latin. Saint Augustin, saint Grégoire, que sais-je ? Et puis, il avait l'air de réciter une leçon déjà vingt fois récitée, de repasser un thème, oblitéré dans sa mémoire à force d'être su. Pas un regard dans l'œil, pas un accent dans la voix, pas un geste dans les mains.

Et comment en serait-il autrement ? Ce prêtre est l'aumônier en titre de la prison. Son état est de consoler et d'exhorter, et il vit de cela. Les forçats, les patients sont du ressort de son éloquence. Il les confesse et les assiste, parce qu'il a sa place à faire. Il a vieilli à mener des hommes mourir. Depuis longtemps il est habitué à ce qui fait frissonner les autres ; ses cheveux, bien poudrés à blanc, ne se dressent plus ; le bagne et l'échafaud sont de tous les jours pour lui. Il est blasé. Probablement il a son cahier ; telle page les galériens, telle page les condamnés à mort. On l'avertit la veille qu'il y aura quelqu'un à consoler le lendemain à telle heure ; il demande ce que c'est, galérien ou supplicié ? et relit la page ; et puis il vient. De cette façon, il advient que ceux qui vont à Toulon et ceux qui vont à la Grève sont un lieu commun pour lui, et qu'il est un lieu commun pour eux.

Oh ! qu'on m'aille donc, au lieu de cela, chercher quelque jeune vicaire, quelque vieux curé, au hasard, dans la première paroisse venue, qu'on le prenne au coin de son feu, lisant son livre et ne s'attendant à rien, et qu'on lui dise :

— Il y a un homme qui va mourir, et il faut que ce soit vous qui le consoliez. Il faut que vous soyez là quand on lui liera les mains, là quand on lui coupera les cheveux ; que vous montiez dans sa charrette avec votre crucifix pour lui cacher le bourreau ; que vous soyez cahoté avec lui par le pavé jusqu'à la Grève : que vous traversiez avec lui l'horrible foule buveuse de sang ; que vous l'embrassiez au pied de l'échafaud, et que vous restiez jusqu'à ce que la tête soit ici et le corps là.

Alors, qu'on me l'amène, tout palpitant, tout frissonnant de la tête aux pieds ; qu'on me jette entre ses bras, à ses genoux ; et il pleurera, et nous pleurerons, et il sera éloquent, et je serai consolé, et mon cœur se dégonflera dans le sien, et il prendra mon âme, et je prendrai son Dieu.

Mais ce bon vieillard, qu'est-il pour moi ? que suis-je pour lui ? un individu de l'espèce malheureuse, une ombre comme il en a déjà tant vu, une unité à ajouter au chiffre des exécutions.

J'ai peut-être tort de le repousser ainsi ; c'est lui qui est bon et moi qui suis mauvais. Hélas ! ce n'est pas ma faute. C'est mon souffle de condamné qui gâte et flétrit tout.

On vient de m'apporter de la nourriture ; ils ont cru que je devais en avoir besoin. Une table délicate et recherchée, un poulet, il me semble, et autre chose encore. Eh bien ! j'ai essayé de manger ; mais, à la première bouchée, tout est tombé de ma bouche, tant cela m'a paru amer et fétide !

XXXI

Il vient d'entrer un monsieur, le chapeau sur la tête, qui m'a à peine regardé, puis a ouvert un pied-de-roi et s'est mis à mesurer de bas en haut les pierres du mur, parlant d'une voix très haute pour dire tantôt : *C'est cela* ; tantôt : *Ce n'est pas cela.*

J'ai demandé au gendarme qui c'était. Il paraît que c'est une espèce de sous-architecte employé à la prison.

De son côté, sa curiosité s'est éveillée sur mon compte. Il a échangé quelques demi-mots avec le porte-clefs qui l'accompagnait ; puis a fixé un instant les yeux sur moi, a secoué la tête d'un air insouciant, et s'est remis à parler à haute voix et à prendre des mesures.

Sa besogne finie, il s'est approché de moi en me disant avec sa voix éclatante :

— Mon bon ami, dans six mois cette prison sera beaucoup mieux.

Et son geste semblait ajouter :

— Vous n'en jouirez pas, c'est dommage.

Il souriait presque. J'ai cru voir le moment où il allait me railler doucement, comme on plaisante une jeune mariée le soir de ses noces.

Mon gendarme, vieux soldat à chevrons, s'est chargé de la réponse.

— Monsieur, lui a-t-il dit, on ne parle pas si haut dans la chambre d'un mort.

L'architecte s'en est allé.

Moi, j'étais là, comme une des pierres qu'il mesurait.

XXXII

Et puis, il m'est arrivé une chose ridicule.

On est venu relever mon bon vieux gendarme, auquel, ingrat égoïste que je suis, je n'ai seulement pas serré la main. Un autre l'a remplacé ; homme à front déprimé, des yeux de bœuf, une figure inepte.

Au reste, je n'y avais fait aucune attention. Je tournais le dos à la porte, assis devant la table ; je tâchais de rafraîchir mon front avec ma main, et mes pensées troublaient mon esprit.

Un léger coup, frappé sur mon épaule, m'a fait tourner la tête. C'était le nouveau gendarme, avec qui j'étais seul.

Voici à peu près de quelle façon il m'a adressé la parole.

— Criminel, avez-vous bon cœur ?

— Non, lui ai-je dit.

La brusquerie de ma réponse a paru le déconcerter. Cependant il a repris en hésitant :

— On n'est pas méchant pour le plaisir de l'être.

— Pourquoi non ? ai-je répliqué. Si vous n'avez que cela à me dire, laissez-moi. Où voulez-vous en venir ?

— Pardon, mon criminel, a-t-il répondu. Deux mots seulement. Voici. Si vous pouviez faire le bonheur d'un pauvre homme, et que cela ne vous coûtât, rien, est-ce que vous ne le feriez pas ?

J'ai haussé les épaules.

— Est-ce que vous arrivez de Charenton ? Vous choisissez un singulier vase pour y puiser du bonheur. Moi, faire le bonheur de quelqu'un !

Il a baissé la voix et pris un air mystérieux, ce qui n'allait pas à sa figure idiote.

— Oui, criminel, oui bonheur, oui fortune. Tout cela me sera venu de vous. Voici. Je suis un pauvre gendarme. Le service est lourd, la paye est légère ; mon cheval est à moi et me ruine. Or, je mets à la loterie pour contre-balancer. Il faut bien avoir une industrie. Jusqu'ici il ne m'a manqué pour gagner que d'avoir de bons numéros. J'en cherche partout de sûrs ; je tombe toujours à côté. Je mets le 76 ; il sort le 77. J'ai beau les nourrir, ils ne viennent pas... — Un peu de patience, s'il vous plaît, je suis à la fin. — Or, voici une belle occasion pour moi. Il paraît, pardon, criminel, que vous passez aujourd'hui. Il est certain que les morts qu'on fait périr comme cela voient la loterie d'avance. Promettez-moi de venir demain soir, qu'est-ce que cela vous fait ? me donner trois numéros, trois bons. Hein ? — Je n'ai pas peur des revenants, soyez tranquille. — Voici mon adresse : Caserne Popincourt, escalier A, n° 26, au fond du corridor. Vous me reconnaîtrez bien, n'est-ce pas ? — Venez même ce soir, si cela vous est plus commode.

J'aurais dédaigné de lui répondre, à cet imbécile, si une espérance folle ne m'avait traversé l'esprit. Dans la position désespérée où je suis, on croit par moments qu'on briserait une chaîne avec un cheveu.

— Écoute, lui ai-je dit en faisant le comédien autant que le peut faire celui qui va mourir, je puis en effet te rendre plus riche que le roi, te faire gagner des millions. – À une condition.

Il ouvrait des yeux stupides.

— Laquelle ? laquelle ? tout pour vous plaire, mon criminel.

— Au lieu de trois numéros, je t'en promets quatre. Change d'habits avec moi.

— Si ce n'est que cela ! s'est-il écrié en défaisant les premières agrafes de son uniforme.

Je m'étais levé de ma chaise. J'observais tous ses mouvements, mon cœur palpitait. Je voyais déjà les portes s'ouvrir devant l'uniforme de gendarme, et la place, et la rue et le Palais de Justice derrière moi !

Mais il s'est retourné d'un air indécis.

— Ah çà ! ce n'est pas pour sortir d'ici ?

J'ai compris que tout était perdu. Cependant j'ai tenté un dernier effort, bien inutile et bien insensé !

— Si fait, lui ai-je dit, mais ta fortune est faite...

Il m'a interrompu.

— Ah bien non ! tiens ! et mes numéros ! pour qu'ils soient bons, il faut que vous soyez mort.

Je me suis rassis, muet et plus désespéré de toute l'espérance que j'avais eue.

XXXIII

J'ai fermé les yeux, et j'ai mis les mains dessus, et j'ai tâché d'oublier, d'oublier le présent dans le passé. Tandis que je rêve, les souvenirs de mon enfance et de ma jeunesse me reviennent un à un, doux, calmes, riants, comme des îles de fleurs sur ce gouffre de pensées noires et confuses qui tourbillonnent dans mon cerveau.

Je me revois enfant, écolier rieur et frais, jouant, courant, criant avec mes frères dans la grande allée verte de ce jardin sauvage où ont coulé mes premières années, ancien enclos de religieuses que domine de sa tête de plomb le sombre dôme du Val-de-Grâce.

Et puis, quatre ans plus tard, m'y voilà encore, toujours enfant, mais déjà rêveur et passionné. Il y a une jeune fille dans le solitaire jardin.

La petite Espagnole, avec ses grands yeux et ses grands cheveux, sa peau brune et dorée, ses lèvres rouges et ses joues roses, l'Andalouse de quatorze ans, Pepa.

Nos mères nous ont dit d'aller courir ensemble : nous sommes venus nous promener.

On nous a dit de jouer, et nous causons, enfants du même âge, non du même sexe.

Pourtant, il n'y a encore qu'un an, nous courions, nous luttions ensemble. Je disputais à Pepita la plus belle pomme du pommier ; je la frappais pour un nid d'oiseau. Elle pleurait ; je disais : C'est bien fait ! et nous allions tous deux nous plaindre ensemble à nos mères, qui nous donnaient tort tout haut et raison tout bas.

Maintenant elle s'appuie sur mon bras, et je suis tout fier et tout ému. Nous marchons lentement, nous parlons bas. Elle laisse tomber son mouchoir,

je le lui ramasse. Nos mains tremblent en se tou-
chant. Elle me parle des petits oiseaux, de l'étoile
qu'on voit là-bas, du couchant vermeil derrière les
arbres, ou bien de ses amies de pension, de sa robe
et de ses rubans. Nous disons des choses innocentes,
et nous rougissons tous deux. La petite fille est
devenue jeune fille.

Ce soir-là, — c'était un soir d'été, — nous étions
sous les marronniers, au fond du jardin. Après un
de ces longs silences qui remplissaient nos promenades, elle quitta tout à coup mon bras, et me dit :
Courons !

Je la vois encore, elle était tout en noir, en
deuil de sa grand'mère. Il lui passa par la tête une
idée d'enfant, Pepa redevint Pepita, elle me dit :
Courons !

Et elle se mit à courir devant moi avec sa taille
fine comme le corset d'une abeille et ses petits pieds
qui relevaient sa robe jusqu'à mi-jambe. Je la pour-
suivis, elle fuyait : le vent de sa course soulevait
par moments sa pèlerine noire, et me laissait voir
son dos brun et frais.

J'étais hors de moi. Je l'atteignis près du vieux
puisard en ruine ; je la pris par la ceinture, du droit
de victoire, et je la fis asseoir sur un banc de gazon ;
elle ne résista pas. Elle était essoufflée et riait. Moi,
j'étais sérieux, et je regardais ses prunelles noires à
travers ses cils noirs.

— Asseyez-vous là, me dit-elle. Il fait encore
grand jour, lisons quelque chose. Avez-vous un
livre ?

J'avais sur moi le tome second des Voyages de
Spallanzani. J'ouvris au hasard, je me rapprochai
d'elle, elle appuya son épaule à mon épaule, et nous
nous mîmes à lire chacun de notre côté, tout bas, la
même page. Avant de tourner le feuillet, elle était

toujours obligée de m'attendre. Mon esprit allait moins vite que le sien.

— Avez-vous fini ? me disait-elle, que j'avais à peine commencé.

Cependant nos têtes se touchaient, nos cheveux se mêlaient, nos haleines peu à peu se rapprochèrent, et nos bouches tout à coup.

Quand nous voulûmes continuer notre lecture, le ciel était étoilé.

— Oh ! maman, maman, dit-elle en rentrant, si tu savais comme nous avons couru !

Moi, je gardais le silence.

— Tu ne dis rien, me dit ma mère, tu as l'air triste.

J'avais le paradis dans le cœur.

C'est une soirée que je me rappellerai toute ma vie. Toute ma vie !

XXXIV

Une heure vient de sonner. Je ne sais laquelle : j'entends mal le marteau de l'horloge. Il me semble que j'ai un bruit d'orgue dans les oreilles ; ce sont mes dernières pensées qui bourdonnent.

À ce moment suprême où je me recueille dans mes souvenirs, j'y retrouve mon crime avec horreur ; mais je voudrais me repentir davantage encore. J'avais plus de remords avant ma condamnation ; depuis, il semble qu'il n'y ait plus de place que pour les pensées de mort. Pourtant, je voudrais bien me repentir beaucoup.

Quand j'ai rêvé une minute à ce qu'il y a de passé dans ma vie, et que j'en reviens au coup de hache qui doit la terminer tout à l'heure, je frissonne comme dans une chose nouvelle. Ma belle enfance !

ma belle jeunesse ! étoffe dorée dont l'extrémité est sanglante. Entre alors et à présent, il y a une rivière de sang, le sang de l'autre et le mien.

Si on lit un jour mon histoire, après tant d'années d'innocence et de bonheur, on ne voudra pas croire à cette année exécrable, qui s'ouvre par un crime et se clôt par un supplice ; elle aura l'air dépareillée.

Et pourtant, misérables lois et misérables hommes, je n'étais pas un méchant !

Oh ! mourir dans quelques heures, et penser qu'il y a un an, à pareil jour, j'étais libre et pur, que je faisais mes promenades d'automne, que j'errais sous les arbres, et que je marchais dans les feuilles !

XXXV

En ce moment même, il y a tout auprès de moi, dans ces maisons qui font cercle autour du Palais et de la Grève, et partout dans Paris, des hommes qui vont et viennent, causent et rient, lisent le journal, pensent à leurs affaires ; des marchands qui vendent ; des jeunes filles qui préparent leurs robes de bal pour ce soir ; des mères qui jouent avec leurs enfants !

XXXVI

Je me souviens qu'un jour, étant enfant, j'allai voir le bourdon de Notre-Dame.

J'étais déjà étourdi d'avoir monté le sombre escalier en colimaçon, d'avoir parcouru la frêle galerie qui lie les deux tours, d'avoir eu Paris sous les pieds, quand j'entrai dans la cage de pierre et de charpente où pend le bourdon avec son battant, qui pèse un millier.

J'avançai en tremblant sur les planches mal jointes, regardant à distance cette cloche si fameuse parmi les enfants et le peuple de Paris, et ne remarquant pas sans effroi que les auvents couverts d'ardoises qui entourent le clocher de leurs plans inclinés étaient au niveau de mes pieds. Dans les intervalles, je voyais, en quelque sorte à vol d'oiseau, la place du Parvis-Notre-Dame, et les passants comme des fourmis.

Tout à coup l'énorme cloche tinta, une vibration profonde remua l'air, fit osciller la lourde tour. Le plancher sautait sur les poutres. Le bruit faillit me renverser ; je chancelai, prêt à tomber, prêt à glisser sur les auvents d'ardoises en pente. De terreur, je me couchai sur les planches, les serrant étroitement de mes deux bras, sans parole, sans haleine, avec ce formidable tintement dans les oreilles, et sous les yeux ce précipice, cette place profonde où se croisaient tant de passants paisibles et enviés.

Eh bien ! il me semble que je suis encore dans la tour du bourdon. C'est tout ensemble un étourdissement et un éblouissement. Il y a comme un bruit de cloche qui ébranle les cavités de mon cerveau ; et autour de moi je n'aperçois plus cette vie plane et tranquille que j'ai quittée, et où les autres hommes cheminent encore, que de loin et à travers les crevasses d'un abîme.

XXXVII

L'hôtel de ville est un édifice sinistre.

Avec son toit aigu et roide, son clocheton bizarre, son grand cadran blanc, ses étages à petites colonnes, ses mille croisées, ses escaliers usés par les pas, ses deux arches à droite et à gauche, il est là, de plain-pied avec la Grève sombre, lugubre, la face toute rongée de vieillesse, et si noir, qu'il est noir au soleil.

Les jours d'exécution, il vomit des gendarmes de toutes ses portes, et regarde le condamné avec toutes ses fenêtres.

Et le soir, son cadran, qui a marqué l'heure, reste lumineux sur sa façade ténébreuse.

XXXVIII

Il est une heure et quart.

Voici ce que j'éprouve maintenant :

Une violente douleur de tête. Les reins froids, le front brûlant. Chaque fois que je me lève ou que je me penche, il me semble qu'il y a un liquide qui flotte dans mon cerveau, et qui fait battre ma cervelle contre les parois du crâne.

J'ai des tressaillements convulsifs, et de temps en temps la plume tombe de mes mains comme par une secousse galvanique.

Les yeux me cuisent comme si j'étais dans la fumée.

J'ai mal dans les coudes.

Encore deux heures et quarante-cinq minutes, et je serai guéri.

XXXIX

Ils disent que ce n'est rien, qu'on ne souffre pas, que c'est une fin douce, que la mort de cette façon est bien simplifiée.

Eh ! qu'est-ce donc que cette agonie de six semaines et ce râle de tout un jour ? Qu'est-ce que les angoisses de cette journée irréparable, qui s'écoule si lentement et si vite ? Qu'est-ce que cette échelle de torture qui aboutit à l'échafaud ?

Apparemment ce n'est pas là souffrir.

Ne sont-ce pas les mêmes convulsions, que le sang s'épuise goutte à goutte, ou que l'intelligence s'éteigne pensée à pensée ?

Et puis, on ne souffre pas, en sont-ils sûrs ? Qui le leur a dit ? Conte-t-on que jamais une tête coupée se soit dressée sanglante au bord du panier, et qu'elle ait crié au peuple : Cela ne fait pas de mal !

Y a-t-il des morts de leur façon qui soient venus les remercier et leur dire : C'est bien inventé. Tenez-vous-en là. La mécanique est bonne.

Est-ce Robespierre ? Est-ce Louis XVI ?...

Non, rien ! moins qu'une minute, moins qu'une seconde, et la chose est faite. — Se sont-ils jamais mis, seulement en pensée, à la place de celui qui est là, au moment où le lourd tranchant qui tombe mord la chair, rompt les nerfs, brise les vertèbres... Mais quoi ! une demi-seconde ! la douleur est escamotée... Horreur !

XL

Il est singulier que je pense sans cesse au roi. J'ai beau faire, beau secouer la tête, j'ai une voix dans l'oreille qui me dit toujours :

— Il y a dans cette même ville, à cette même heure, et pas bien loin d'ici, dans un autre palais, un homme qui a aussi des gardes à toutes ses portes, un homme unique comme toi dans le peuple, avec cette différence qu'il est aussi haut que tu es bas.

Sa vie entière, minute par minute, n'est que gloire, grandeur, délices, enivrement. Tout est autour de lui amour, respect, vénération. Les voix les plus hautes deviennent basses en lui parlant et les fronts les plus fiers ploient. Il n'a que de la soie et de l'or sous les yeux. À cette heure, il tient quelque conseil de ministres où tous sont de son avis ; ou bien songe à la chasse de demain, au bal de ce soir, sûr que la fête viendra à l'heure, et laissant à d'autres le travail de ses plaisirs. Eh bien ! cet homme est de chair et d'os comme toi ! — Et pour qu'à l'instant même l'horrible échafaud s'écroulât, pour que tout te fût rendu, vie, liberté, fortune, famille, il suffirait qu'il écrivît avec cette plume les sept lettres de son nom au bas d'un morceau de papier, ou même que son carrosse rencontrât ta charrette ! — Et il est bon, et il ne demanderait pas mieux peut-être, et il n'en sera rien !

XLI

Eh bien donc ! ayons courage avec la mort, prenons cette horrible idée à deux mains, et considérons-la en face. Demandons-lui compte de ce qu'elle est, sachons ce qu'elle nous veut, retournons-la en tous sens, épelons l'énigme, et regardons d'avance dans le tombeau.

Il me semble que, dès que mes yeux seront fermés, je verrai une grande clarté et des abîmes de lumière où mon esprit roulera sans fin. Il me semble que le ciel lumineux de sa propre essence, que les astres y feront des taches obscures, et qu'au lieu d'être comme pour les yeux vivants des paillettes d'or sur du velours gris, ils sembleront des points noirs sur du drap d'or.

Ou bien, misérable que je suis, ce sera peut-être un gouffre hideux, profond, dont les parois seront tapissées de ténèbres, et où je tomberai sans cesse en voyant des formes remuer dans l'ombre.

Ou bien, en m'éveillant après le coup, je me trouverai peut-être sur quelque surface plane et humide, rampant dans l'obscurité et tournant sur moi-même comme une tête qui roule. Il me semble qu'il y aura un grand vent qui me poussera, et que je serai heurté çà et là par d'autres têtes roulantes. Il y aura par place des mares et des ruisseaux d'un liquide inconnu et tiède : tout sera noir. Quand mes yeux, dans leur rotation, seront tournés en haut, ils ne verront qu'un ciel sombre, dont les couches épaisses pèseront sur eux, et au loin dans le fond de grandes arches de fumées plus noires que les ténèbres. Ils verront aussi voltiger dans la nuit de petites étincelles rouges, qui, en s'approchant, deviendront des oiseaux de feu. Et ce sera ainsi toute l'éternité.

Il se peut bien aussi qu'à certaines dates les morts de la Grève se rassemblent par de noires nuits d'hiver sur la place qui est à eux. Ce sera une foule pâle et sanglante, et je n'y manquerai pas. Il n'y aura pas de lune, et l'on parlera à voix basse. L'hôtel de ville sera là, avec sa façade vermoulue, son toit déchiqueté, et son cadran qui aura été sans pitié pour tous. Il y aura sur la place une guillotine de l'enfer, où un démon exécutera un bourreau : ce sera à quatre heures du matin. À notre tour nous ferons foule autour.

Il est probable que cela est ainsi. Mais si ces morts-là reviennent, sous quelle forme reviennent-ils ? Que gardent-ils de leur corps incomplet et mutilé ? Que choisissent-ils ? Est-ce la tête ou le tronc qui est spectre ?

Hélas qu'est-ce que la mort fait avec notre âme ?

quelle nature lui laisse-t-elle ? qu'a-t-elle à lui prendre ou à lui donner ? où la met-elle ? lui prête-t-elle quelquefois des yeux de chair pour regarder sur la terre, et pleurer ?

Ah ! un prêtre ! un prêtre qui sache cela ! Je veux un prêtre, et un crucifix à baiser !

Mon Dieu, toujours le même !

XLII

Je l'ai prié de me laisser dormir, et je me suis jeté sur le lit.

En effet, j'avais un flot de sang dans la tête, qui m'a fait dormir. C'est mon dernier sommeil, de cette espèce.

J'ai fait un rêve.

J'ai rêvé que c'était la nuit. Il me semblait que j'étais dans mon cabinet avec deux ou trois de mes amis, je ne sais plus lesquels.

Ma femme était couchée dans la chambre à coucher, à côté, et dormait avec son enfant.

Nous parlions à voix basse, mes amis et moi, et ce que nous disions nous effrayait.

Tout à coup il me sembla entendre un bruit quelque part dans les autres pièces de l'appartement. Un bruit faible, étrange, indéterminé.

Mes amis avaient entendu comme moi. Nous écoutâmes : c'était comme une serrure qu'on ouvre sourdement, comme un verrou qu'on scie à petit bruit.

Il y avait quelque chose qui nous glaçait : nous avions peur. Nous pensâmes que peut-être c'étaient des voleurs qui s'étaient introduits chez moi, à cette heure si avancée de la nuit.

Nous résolûmes d'aller voir. Je me levai, je pris la bougie. Mes amis me suivaient, un à un.

Nous traversâmes la chambre à coucher, à côté. Ma femme dormait avec son enfant.

Puis nous arrivâmes dans le salon. Rien. Les portraits étaient immobiles dans leurs cadres d'or sur la tenture rouge. Il me sembla que la porte du salon à la salle à manger n'était point à sa place ordinaire.

Nous entrâmes dans la salle à manger ; nous en fîmes le tour. Je marchais le premier. La porte sur l'escalier était bien fermée, les fenêtres aussi. Arrivé près du poêle, je vis que l'armoire au linge était ouverte, et que la porte de cette armoire était tirée sur l'angle du mur comme pour le cacher.

Cela me surprit. Nous pensâmes qu'il y avait quelqu'un derrière la porte.

Je portai la main à cette porte pour refermer l'armoire ; elle résista. Étonné, je tirai plus fort, elle céda brusquement, et nous découvrit une petite vieille, les mains pendantes, les yeux fermés, immobile, debout, et comme collée dans l'angle du mur.

Cela avait quelque chose de hideux, et mes cheveux se dressent d'y penser.

Je demandai à la vieille :

— Que faites-vous là ?

Elle ne répondit pas.

Je lui demandai :

— Qui êtes-vous ?

Elle ne répondit pas, ne bougea pas, et resta les yeux fermés.

Mes amis dirent :

— C'est sans doute la complice de ceux qui sont entrés avec de mauvaises pensées ; ils se sont échappés en nous entendant venir ; elle n'aura pu fuir et s'est cachée là.

Je l'ai interrogée de nouveau, elle est demeurée sans voix, sans mouvement, sans regard.

Un de nous l'a poussée à terre, elle est tombée.

Elle est tombée tout d'une pièce, comme un morceau de bois, comme une chose morte.

Nous l'avons remuée du pied, puis deux de nous l'ont relevée et de nouveau appuyée au mur. Elle n'a donné aucun signe de vie. On lui a crié dans l'oreille, elle est restée muette comme si elle était sourde.

Cependant, nous perdions patience, et il y avait de la colère dans notre terreur. Un de nous m'a dit :

— Mettez-lui la bougie sous le menton.

Je lui ai mis la mèche enflammée sous le menton. Alors elle a ouvert un œil à demi, un œil vide, terne, affreux, et qui ne regardait pas.

J'ai ôté la flamme et j'ai dit :

— Ah ! enfin ! répondras-tu, vieille sorcière ? Qui es-tu ?

L'œil s'est refermé comme de lui-même.

— Pour le coup, c'est trop fort, ont dit les autres. Encore la bougie ! encore ! il faudra bien qu'elle parle.

J'ai replacé la lumière sous le menton de la vieille.

Alors, elle a ouvert ses deux yeux lentement, nous a regardés tous les uns après les autres, puis, se baissant brusquement, a soufflé la bougie avec un souffle glacé. Au même moment j'ai senti trois dents aiguës s'imprimer sur ma main, dans les ténèbres.

Je me suis réveillé, frissonnant et baigné d'une sueur froide.

Le bon aumônier était assis au pied de mon lit, et lisait des prières.

— Ai-je dormi longtemps ? lui ai-je demandé.

— Mon fils, m'a-t-il dit, vous avez dormi une heure. On vous a amené votre enfant. Elle est là dans la pièce voisine, qui vous attend. Je n'ai pas voulu qu'on vous éveillât.

— Oh ! ai-je crié, ma fille, qu'on m'amène ma fille !

XLIII

Elle est fraîche, elle est rose, elle a de grands yeux, elle est belle !

On lui a mis une petite robe qui lui va bien.

Je l'ai prise, je l'ai enlevée dans mes bras, je l'ai assise sur mes genoux, je l'ai baisée sur ses cheveux.

Pourquoi pas avec sa mère ? — Sa mère est malade, sa grand'mère aussi. C'est bien.

Elle me regardait d'un air étonné ; caressée, embrassée, dévorée de baisers et se laissant faire ; mais jetant de temps en temps un coup d'œil inquiet sur sa bonne, qui pleurait dans le coin.

Enfin j'ai pu parler.

— Marie ! ai-je dit, ma petite Marie !

Je la serrais violemment contre ma poitrine enflée de sanglots. Elle a poussé un petit cri.

— Oh ! vous me faites du mal, monsieur, m'a-t-elle dit.

Monsieur ! il y a bientôt un an qu'elle ne m'a vu, la pauvre enfant. Elle m'a oublié, visage, parole, accent ; et puis, qui me reconnaîtrait avec cette barbe, ces habits et cette pâleur ? Quoi ! déjà effacé de cette mémoire, la seule où j'eusse voulu vivre ! Quoi ! déjà plus père ! être condamné à ne plus entendre ce mot, ce mot de la langue des enfants,

si doux qu'il ne peut rester dans celle des hommes :
papa !

Et pourtant l'entendre de cette bouche, encore
une fois, une seule fois, voilà tout ce que j'eusse
demandé pour les quarante ans de vie qu'on me
prend.

— Écoute, Marie, lui ai-je dit en joignant ses
deux petites mains dans les miennes, est-ce que tu
ne me connais point ?

Elle m'a regardé avec ses beaux yeux, et a
répondu :

— Ah bien non !

— Regarde bien, ai-je répété. Comment, tu ne
sais pas qui je suis ?

— Si, a-t-elle dit. Un monsieur.

Hélas ! n'aimer ardemment qu'un seul être au
monde, l'aimer avec tout son amour, et l'avoir
devant soi, qui vous voit et vous regarde, vous parle
et vous répond, et ne vous connaît pas ! Ne vouloir
de consolation que de lui, et qu'il soit le seul qui
ne sache pas, qu'il vous en faut parce que vous allez
mourir !

— Marie, ai-je repris, as-tu un papa ?

— Oui, monsieur, a dit l'enfant.

— Eh bien, où est-il ?

Elle a levé ses grands yeux étonnés.

— Ah ! vous ne savez donc pas ? il est mort.

Puis elle a crié ; j'avais failli la laisser tomber.

— Mort ! disais-je. Marie, sais-tu ce que c'est
qu'être mort ?

— Oui, monsieur, a-t-elle répondu. Il est dans la
terre et dans le ciel.

Elle a continué d'elle-même :

— Je prie le bon Dieu pour lui matin et soir sur
les genoux de maman.

Je l'ai baisée au front.

— Marie, dis-moi ta prière.

— Je ne peux pas, monsieur. Une prière, cela ne se dit pas dans le jour. Venez ce soir dans ma maison ; je la dirai.

C'était assez de cela. Je l'ai interrompue.

— Marie, c'est moi qui suis ton papa.

— Ah ! m'a-t-elle dit.

J'ai ajouté : — Veux-tu que je sois ton papa ?

L'enfant s'est détournée.

— Non, mon papa était bien plus beau.

Je l'ai couverte de baisers et de larmes. Elle a cherché à se dégager de mes bras en criant :

— Vous me faites mal avec votre barbe.

Alors, je l'ai replacée sur mes genoux, en la couvant des yeux, et puis je l'ai questionnée.

— Marie, sais-tu lire ?

— Oui, a-t-elle répondu. Je sais bien lire. Maman me fait lire mes lettres.

— Voyons, lis un peu, lui ai-je dit en lui montrant un papier qu'elle tenait chiffonné dans une de ses petites mains.

Elle a hoché sa jolie tête.

— Ah bien ! je ne sais lire que des fables.

— Essaie toujours. Voyons, lis.

Elle a déployé le papier, et s'est mise à épeler avec son doigt :

— A. R. *ar*. R. E. T, *rêt*. ARRÊT...

Je lui ai arraché cela des mains. C'est ma sentence de mort qu'elle me lisait. Sa bonne avait eu le papier pour un sou. Il me coûtait plus cher, à moi.

Il n'y a pas de paroles pour ce que j'éprouvais. Ma violence l'avait effrayée ; elle pleurait presque. Tout à coup elle m'a dit :

— Rendez-moi donc mon papier, tiens ! c'est pour jouer.

Je l'ai remise à sa bonne.

— Emportez-la.

Et je suis retombé sur ma chaise, sombre, désert, désespéré. À présent ils devraient venir ; je ne tiens plus à rien ; la dernière fibre de mon cœur est brisée. Je suis bon pour ce qu'ils vont faire.

XLIV

Le prêtre est bon, le gendarme aussi. Je crois qu'ils ont versé une larme quand j'ai dit qu'on m'emportât mon enfant.

C'est fait. Maintenant il faut que je me roidisse en moi-même, et que je pense fermement au bourreau, à la charrette, aux gendarmes, à la foule sur le pont, à la foule sur le quai, à la foule aux fenêtres, et à ce qu'il y aura exprès pour moi sur cette lugubre place de Grève, qui pourrait être pavée des têtes qu'elle a vues tomber.

Je crois que j'ai encore une heure pour m'habituer à tout cela.

XLV

Tout ce peuple rira, battra des mains, applaudira. Et parmi tous ces hommes, libres et inconnus des geôliers, qui courent pleins de joie à une exécution, dans cette foule de têtes qui couvrira la place, il y aura plus d'une tête prédestinée qui suivra la mienne tôt ou tard dans le panier rouge. Plus d'un qui y vient pour moi y viendra pour soi.

Pour ces êtres fatals, il y a sur un certain point de la place de Grève un lieu fatal, un centre d'attraction, un piège. Ils tournent autour jusqu'à ce qu'ils y soient.

XLVI

Ma petite Marie ! — On l'a remmenée jouer ;
elle regarde la foule par la portière du fiacre, et ne
pense déjà plus à ce *monsieur*.

Peut-être aurais-je encore le temps d'écrire quelques pages pour elle, afin qu'elle les lise un jour,
et qu'elle pleure dans quinze ans pour aujourd'hui.

Oui, il faut qu'elle sache par moi mon histoire,
et pourquoi le nom que je lui laisse est sanglant.

XLVII

MON HISTOIRE

Note de l'éditeur. — *On n'a pu encore retrouver
les feuillets qui se rattachaient à celui-ci. Peut-
être, comme ceux qui suivent semblent l'indiquer,
le condamné n'a-t-il pas eu le temps de les écrire.
Il était tard quand cette pensée lui est venue.*

XLVIII

D'une chambre de l'hôtel de ville.

De l'hôtel de ville !... — Ainsi j'y suis. Le trajet
exécrable est fait. La place est là, et au-dessous de
la fenêtre l'horrible peuple qui aboie, et m'attend,
et rit.

J'ai eu beau me roidir, beau me crisper, le cœur
m'a failli. Quand j'ai vu au-dessus des têtes ces
deux bras rouges, avec leur triangle noir au bout,
dressés entre les deux lanternes du quai, le cœur
m'a failli. J'ai demandé à faire une dernière décla-

ration. On m'a déposé ici, et l'on est allé chercher quelque procureur du roi. Je l'attends, c'est toujours cela de gagné.

Voici :

Trois heures sonnaient, on est venu m'avertir qu'il était temps. J'ai tremblé, comme si j'eusse pensé à autre chose depuis six heures, depuis six semaines, depuis six mois. Cela m'a fait l'effet de quelque chose d'inattendu.

Ils m'ont fait traverser leurs corridors et descendre leurs escaliers. Ils m'ont poussé entre deux guichets du rez-de-chaussée, salle sombre, étroite, voûtée ; à peine éclairée d'un jour de pluie et de brouillard. Une chaise était au milieu. Ils m'ont dit de m'asseoir ; je me suis assis.

Il y avait près de la porte et le long des murs quelques personnes debout, outre le prêtre et les gendarmes, et il y avait aussi trois hommes.

Le premier, le plus grand, le plus vieux, était gras et avait la face rouge. Il portait une redingote et un chapeau à trois cornes déformé. C'était lui.

C'était le bourreau, le valet de la guillotine. Les deux autres étaient ses valets, à lui.

À peine assis, les deux autres se sont approchés de moi, par-derrière, comme des chats ; puis tout à coup j'ai senti un froid d'acier dans mes cheveux, et les ciseaux ont grincé à mes oreilles.

Mes cheveux, coupés au hasard, tombaient par mèches sur mes épaules, et l'homme au chapeau à trois cornes les époussetait doucement avec sa grosse main.

Autour, on parlait à voix basse.

Il y avait un grand bruit au-dehors, comme un frémissement qui ondulait dans l'air. J'ai cru d'abord que c'était la rivière ; mais, à des rires qui éclataient, j'ai reconnu que c'était la foule.

Un jeune homme, près de la fenêtre, qui écrivait, avec un crayon, sur un portefeuille, a demandé à un des guichetiers comment s'appelait ce qu'on faisait là.

— La toilette du condamné, a répondu l'autre.

J'ai compris que cela serait demain dans le journal.

Tout à coup l'un des valets m'a enlevé ma veste, et l'autre a pris mes deux mains qui pendaient, les a ramenées derrière mon dos, et j'ai senti les nœuds d'une corde se rouler lentement autour de mes poignets rapprochés. En même temps, l'autre détachait ma cravate. Ma chemise de batiste, seul lambeau qui me restât du moi d'autrefois, l'a fait en quelque sorte hésiter un moment ; puis il s'est mis à en couper le col.

À cette précaution horrible, au saisissement de l'acier qui touchait mon cou, mes coudes ont tressailli, et j'ai laissé échapper un rugissement étouffé. La main de l'exécuteur a tremblé.

— Monsieur, m'a-t-il dit, pardon ! Est-ce que je vous ai fait mal ?

Ces bourreaux sont des hommes très doux.

La foule hurlait plus haut au-dehors.

Le gros homme au visage bourgeonné m'a offert à respirer un mouchoir imbibé de vinaigre.

— Merci, lui ai-je dit de la voix la plus forte que j'ai pu, c'est inutile ; je me trouve bien.

Alors l'un d'eux s'est baissé et m'a lié les deux pieds, au moyen d'une corde fine et lâche, qui ne me laissait à faire que de petits pas. Cette corde est venue se rattacher à celle de mes mains.

Puis le gros homme a jeté la veste sur mon dos, et a noué les manches ensemble sous mon menton. Ce qu'il y avait à faire là était fait.

Alors le prêtre s'est approché avec son crucifix.

— Allons, mon fils, m'a-t-il dit.

Les valets m'ont pris sous les aisselles. Je me suis levé, j'ai marché. Mes pas étaient mous et fléchissaient comme si j'avais eu deux genoux à chaque jambe.

En ce moment la porte extérieure s'est ouverte à deux battants. Une clameur furieuse et l'air froid et la lumière blanche ont fait irruption jusqu'à moi dans l'ombre. Du fond du sombre guichet, j'ai vu brusquement tout à la fois, à travers la pluie, les mille têtes hurlantes du peuple entassées pêle-mêle sur la rampe du grand escalier du Palais ; à droite, de plain-pied avec le seuil, un rang de chevaux de gendarmes, dont la porte basse ne me découvrait que les pieds de devant et les poitrails ; en face, un détachement de soldats en bataille ; à gauche, l'arrière d'une charrette, auquel s'appuyait une roide échelle. Tableau hideux, bien encadré dans une porte de prison.

C'est pour ce moment redouté que j'avais gardé mon courage. J'ai fait trois pas, et j'ai paru sur le seuil du guichet.

— Le voilà ! le voilà ! a crié la foule. Il sort ! enfin !

Et les plus près de moi battaient des mains. Si fort qu'on aime un roi, ce serait moins de fête.

C'était une charrette ordinaire, avec un cheval étique, et un charretier en sarrau bleu à dessins rouges ; comme ceux des maraîchers des environs de Bicêtre.

Le gros homme en chapeau à trois cornes est monté le premier.

— Bonjour, monsieur Samson ! criaient des enfants pendus à des grilles.

Un valet l'a suivi.

— Bravo, Mardi ! ont crié de nouveau les enfants.

Ils se sont assis tous deux sur la banquette de devant.

C'était mon tour. J'ai monté d'une allure assez ferme.

— Il va bien ! a dit une femme à côté des gendarmes.

Cet atroce éloge m'a donné du courage. Le prêtre est venu se placer auprès de moi. On m'avait assis sur la banquette de derrière, le dos tourné au cheval. J'ai frémi de cette dernière attention.

Ils mettent de l'humanité là-dedans.

J'ai voulu regarder autour de moi. Gendarmes devant, gendarmes derrière ; puis de la foule, de la foule, et de la foule ; une mer de têtes sur la place.

Un piquet de gendarmerie à cheval m'attendait à la porte de la grille du Palais.

L'officier a donné l'ordre. La charrette et son cortège se sont mis en mouvement, comme poussés en avant par un hurlement de la populace.

On a franchi la grille. Au moment où la charrette a tourné vers le Pont-au-Change, la place a éclaté en bruit, du pavé aux toits, et les ponts et les quais ont répondu à faire un tremblement de terre.

C'est là que le piquet qui attendait s'est rallié à l'escorte.

— Chapeaux bas ! chapeaux bas ! criaient mille bouches ensemble.

— Comme pour le roi.

Alors j'ai ri horriblement aussi, moi, et j'ai dit au prêtre :

— Eux les chapeaux, moi la tête.

On allait au pas.

Le quai aux Fleurs embaumait ; c'est jour de

marché. Les marchands ont quitté leurs bouquets pour moi.

Vis-à-vis, un peu avant la tour carrée qui fait le coin du Palais, il y a des cabarets, dont les entresols étaient pleins de spectateurs heureux de leurs belles places. Surtout des femmes. La journée doit être bonne pour les cabaretiers.

On louait des tables, des chaises, des échafaudages, des charrettes. Tout pliait de spectateurs. Des marchands de sang humain criaient à tue-tête :

— Qui veut des places ?

Une rage m'a pris contre ce peuple. J'ai eu envie de leur crier :

— Qui veut la mienne ?

Cependant la charrette avançait. À chaque pas qu'elle faisait, la foule se démolissait derrière elle, et je la voyais de mes yeux égarés qui s'allait reformer plus loin sur d'autres points de mon passage.

En entrant sur le Pont-au-Change, j'ai par hasard jeté les yeux à ma droite en arrière. Mon regard s'est arrêté sur l'autre quai, au-dessus des maisons, à une tour noire, isolée, hérissée de sculptures, au sommet de laquelle je voyais deux monstres de pierre assis de profil. Je ne sais pourquoi j'ai demandé au prêtre ce que c'était que cette tour.

— Saint-Jacques-la-Boucherie, a répondu le bourreau.

J'ignore comment cela se faisait ; dans la brume, et malgré la pluie fine et blanche qui rayait l'air comme un réseau de fils d'araignée, rien de ce qui se passait autour de moi ne m'a échappé. Chacun de ces détails m'apportait sa torture. Les mots manquent aux émotions.

Vers le milieu de ce Pont-au-Change, si large et si encombré que nous cheminions à grand-peine l'horreur m'a pris violemment. J'ai craint de défaillir, dernière vanité ! Alors je me suis étourdi moi-même pour être aveugle et pour être sourd à tout, excepté au prêtre, dont j'entendais à peine les paroles entrecoupées de rumeurs.

J'ai pris le crucifix et je l'ai baisé.

— Ayez pitié de moi, ai-je dit, ô mon Dieu ! — Et j'ai tâché de m'abîmer dans cette pensée.

Mais chaque cahot de la dure charrette me secouait. Puis tout à coup je me suis senti un grand froid. La pluie avait traversé mes vêtements, et mouillait la peau de ma tête à travers mes cheveux coupés et courts.

— Vous tremblez de froid, mon fils ? m'a demandé le prêtre.

— Oui, ai-je répondu.

Hélas ! pas seulement de froid.

Au détour du pont, des femmes m'ont plaint d'être si jeune.

Nous avons pris le fatal quai. Je commençais à ne plus voir, à ne plus entendre. Toutes ces voix, toutes ces têtes aux fenêtres, aux portes, aux grilles des boutiques, aux branches des lanternes : ces spectateurs avides et cruels ; cette foule où tous me connaissent et où je ne connais personne ; cette route pavée et murée de visages humains... J'étais ivre, stupide, insensé. C'est une chose insupportable que le poids de tant de regards appuyés sur vous.

Je vacillais donc sur le banc, ne prêtant même plus d'attention au prêtre et au crucifix.

Dans le tumulte qui m'enveloppait, je ne distinguais plus les cris de pitié des cris de joie, les rires des plaintes, les voix du bruit ; tout cela était une rumeur qui résonnait dans ma tête comme dans un écho de cuivre.

Mes yeux lisaient machinalement les enseignes des boutiques.

Une fois, l'étrange curiosité me prit de tourner la tête et de regarder vers quoi j'avançais. C'était une dernière bravade de l'intelligence. Mais le corps ne voulut pas ; ma nuque resta paralysée et d'avance comme morte.

J'entrevis seulement de côté, à ma gauche, au-delà de la rivière, la tour de Notre-Dame, qui, vue de là, cache l'autre. C'est celle où est le drapeau. Il y avait beaucoup de monde, et qui devait bien voir.

Et la charrette allait, allait, et les boutiques passaient, et les enseignes se succédaient, écrites, peintes, dorées, et la populace riait et trépignait dans la boue, et je me laissais aller, comme à leurs rêves ceux qui sont endormis.

Tout à coup la série des boutiques qui occupait mes yeux s'est coupée à l'angle de la place ; la voix de la foule est devenue plus vaste, plus glapissante, plus joyeuse encore ; la charrette s'est arrêtée subitement, et j'ai failli tomber la face sur les planches. Le prêtre m'a soutenu. — Courage ! a-t-il murmuré. — Alors on a apporté une échelle à l'arrière de la charrette ; il m'a donné le bras, je suis descendu, puis j'ai fait un pas, puis je me suis retourné pour en faire un autre, et je n'ai pu. Entre les deux lanternes du quai, j'avais vu une chose sinistre.

Oh ! c'était la réalité !

Je me suis arrêté, comme chancelant déjà du coup.

— J'ai une dernière déclaration à faire ! ai-je crié faiblement.

On m'a monté ici.

J'ai demandé qu'on me laissât écrire mes dernières volontés. Ils m'ont délié les mains, mais la corde est ici, toute prête, et le reste est en bas.

XLIX

Un juge, un commissaire, un magistrat, je ne sais de quelle espèce, vient de venir. Je lui ai demandé ma grâce en joignant les deux mains et en me traînant sur les deux genoux. Il m'a répondu, en souriant fatalement, si c'est là tout ce que j'avais à lui dire.

— Ma grâce ! ma grâce ! ai-je répété, ou, par pitié, cinq minutes encore !

Qui sait ? elle viendra peut-être ! Cela est si horrible, à mon âge, de mourir ainsi ! Des grâces qui arrivent au dernier moment, on l'a vu souvent. Et à qui fera-t-on grâce, monsieur, si ce n'est à moi ?

Cet exécrable bourreau ! il s'est approché du juge pour lui dire que l'exécution devait être faite à une certaine heure, que cette heure approchait, qu'il était responsable, que d'ailleurs il pleut, et que cela risque de se rouiller.

— Eh, par pitié ! une minute pour attendre ma grâce ! ou je me défends ! je mords !

Le juge et le bourreau sont sortis. Je suis seul. — Seul avec deux gendarmes.

Oh ! l'horrible peuple avec ses cris d'hyène ! — Qui sait si je ne lui échapperai pas ? si je ne serai pas sauvé ? si ma grâce ?... Il est impossible qu'on ne me fasse pas grâce !

Ah ! les misérables ! il me semble qu'on monte l'escalier...

QUATRE HEURES

Faites de nouvelles découvertes sur
www.pocket.fr

- Des 1ers chapitres à télécharger
- Les dernières parutions
- Toute l'actualité des auteurs
- Des jeux-concours

POCKET

Il y a toujours
un **Pocket** à découvrir

Cet ouvrage a été composé par
PCA – 44400 REZÉ

Imprimé en France par

MAURY-IMPRIMEUR
à Malesherbes (Loiret)
en août 2012

POCKET – 12, avenue d'Italie – 75627 Paris Cedex 13

N° d'impression : 174495
Dépôt légal : août 2004
Suite du premier tirage : août 2012
S16110/10